# 四川高等职业教育对四川经济社会发展的贡献研究

王永莲　杨小燕　王　朔　吕烈兴　著

中国·成都

**图书在版编目(CIP)数据**

四川高等职业教育对四川经济社会发展的贡献研究/王永莲等著.—成都:西南财经大学出版社,2017.6
ISBN 978-7-5504-2751-8

Ⅰ.①四… Ⅱ.①王… Ⅲ.①高等职业教育—影响—区域经济发展—研究—四川②高等职业教育—影响—社会发展—研究—四川 Ⅳ.①F127.71②G719.2

中国版本图书馆 CIP 数据核字(2016)第 301921 号

**四川高等职业教育对四川经济社会发展的贡献研究**

王永莲 杨小燕 王朔 吕烈兴 著

责任编辑:杨琳
封面设计:何东琳设计工作室
责任印制:封俊川

| | |
|---|---|
| 出版发行 | 西南财经大学出版社(四川省成都市光华村街 55 号) |
| 网　　址 | http://www.bookcj.com |
| 电子邮件 | bookcj@foxmail.com |
| 邮政编码 | 610074 |
| 电　　话 | 028-87353785　87352368 |
| 照　　排 | 四川胜翔数码印务设计有限公司 |
| 印　　刷 | 四川五洲彩印有限责任公司 |
| 成品尺寸 | 148mm×210mm |
| 印　　张 | 6.625 |
| 字　　数 | 190 千字 |
| 版　　次 | 2017 年 6 月第 1 版 |
| 印　　次 | 2017 年 6 月第 1 次印刷 |
| 书　　号 | ISBN 978-7-5504-2751-8 |
| 定　　价 | 48.00 元 |

# 主要作者简介

**王永莲**，女，1965年2月出生，汉族，辽宁大连人；中共党员，教授，教育部高等教育教学人才培养工作评估专家，四川省学术和技术带头人；四川交通职业技术学院副院长，四川高等职业教育研究中心常务副主任；历任中国交通教育研究会职教分会素质教育课程建设委员会副主任，四川省高教学会理事，四川省高教学会高职教材专委会副会长等。近年来承担省部级科研项目10余项，出版学术专著5部，主编教材2部，发表论文20余篇。主持建成国家级精品专业1个，省级精品专业3个，国家级精品课程3门。科研项目获省部级奖励10余项。目前，主要从事高等职业教育教学、教师专业发展、质量评价以及农村职业教育等领域的研究与管理工作。

# 目　录

# 引 言

## 一、问题的提出

### （一）研究缘起

随着经济社会的发展，职业教育在国民教育体系中的地位与作用日益凸显。由于职业教育的职业属性，所以较之普通教育，它与经济社会发展的联系更为紧密和直接。目前，职业教育已经成为一种独立的教育类型，与普通教育并行发展。然而，作为一种与经济社会发展直接相关的教育类型，它对经济发展的贡献却受到较少的关注。在近年的教育经济学研究中，学者们普遍把基础教育和高等教育作为研究的对象，对职业教育的研究则相对不太充分。四川作为职业教育大省，近年来的职业教育获得了迅猛发展，在全国职业教育领域具有重要地位，但目前还没有专门研究四川高等职业教育对四川经济社会发展贡献的，因此本研究就显得尤为必要。

### （二）研究意义

1. 弥补当前四川高等职业教育与经济发展关系研究的空缺

职业教育与经济发展之间有直接、密切的关系。然而，四川高等职业教育与经济社会发展的关系，特别是四川高等职业教育对四川经济社会发展的贡献还没有确切的结论。因此，本研究将弥补当前四川高等职业教育与经济社会发展关系研究的空缺，充实现有研究，对职业教育理论研究有一定价值。

2. 为提升四川高等职业教育的地位提供切实可靠的证据

近年来，尽管高等职业教育在数量、规模与质量上都上了一个台阶，社会对高等职业教育的认可度也有一定程度提升，但社会对高等职业教育的偏见仍然存在，且高等职业教育在经济社会发展中的地位与作用缺乏有力的证据和数据支撑。本研究将为四川高等职业教育对四川经济社会发展的贡献提供确切的数据支撑，为四川高等职业教育地位的提升提供有力的证据，进而推动现代职业教育体系的建立。

3. 为高等职业教育改革与发展提供现实依据

高等职业教育作为一种独立的教育类型，其职业属性决定了其改革及发展必然与经济社会发展紧密相连。通过本课题的研究，系统梳理四川高等职业教育对四川经济社会发展的贡献，可以为四川高等职业教育改革提供依据，便于有的放矢地推动四川高等职业教育改革与发展。

## 二、研究方案

### （一）基本思路

本研究主要借鉴人力资本理论、新经济增长理论、教育经济学理论、职业教育学理论等基础理论的研究视角和分析框架，综合运用定量分析和定性分析的方法，结合四川经济社会发展的实际情况，具体研究四川高等职业教育对四川经济社会发展的贡献，为四川职业教育改革与发展提供现实依据，为制定四川职业教育发展战略提供政策建议。

### （二）研究方法

本书主要采用文献法、调查法、比较法等方法，研究四川高等职业教育对四川经济社会发展的贡献的现状。文献法是本研究中最具基础性的研究方法，主要用于对四川高等职业教育发展现状的分析及经济社会发展数据的采集。调查法主要用于对学生、教师、管理者等高职专业相关主体进行访谈，从行业、企业、社会等利益相关者的视角了解四川高等职业教育发展的现状。比较法主要用于不同地域、不同院校、不同专业之间的分析比较，以及职业教育与普通教育贡献率的比较分析。

### （三）研究创新

1. 研究视角的创新

本研究的创新之处在于将经济学与教育学两个学科结合起来，通过实证研究来具体分析四川高等职业教育对四川经济社会发展的贡献，研究内容与成果都具有创新性。在理论上，本研究是一个跨学科的研究，本研究的完成将丰富教育学和经济学的相关理论，特别是对教育经济学的发展构建了实证基础；在应用上，本研究将为四川高等职业教育的规划与发展提供第一手资料，为确立四川高等职业教育的地位与作用提供证据，为四川省制定高等职业教育发展战略提供依据和参考。

2. 研究方法的创新

现有对高等职业教育与经济发展之间关系的研究多采用单一的逻辑思辨、文献研究等定性研究方法，而本研究采用调查研究、数理统计、推理运算等实证研究方法，将定性与定量相结合，丰富了四川高等职业教育研究的方法体系。

# 第一章　高等职业教育对经济社会发展贡献的研究回顾

时代迥异，但总有一些共同的东西存在着，总有一些新的话题不断被提出，并被激烈讨论。职业教育对经济社会发展的贡献这个话题便是如此。学界关于高等职业教育对经济社会发展贡献这一问题的研究，源于经济进步及社会发展的新需求。有学者提及：培养适应经济建设需要的人才是高等职业教育发展的根本任务，高等职业教育对人才的培养以及科学技术的推广等都是围绕经济建设与社会发展的实际需求开展的。[1]具体而论，在经济建设方面，经济体制改革进入攻坚阶段，产业结构转型升级困难重重，区域经济发展面临新的问题，于是加快构建高端技术技能型人才培养体系，有效开发人力资源，成为迫切需求；在社会发展方面，弱势群体民生亟待改善，技工荒与职业教育招生难矛盾凸显，如何通过大力发展高等职业教育，实现社会公平成为全社会关注的焦点。教育部前部长陈至立在全国职业教育工作会议上曾明确指出，职业教育要与当地经济社会发展相结合、与劳动就业相结合、与人民群众多样化的教育需求相结合，同时还要强化职业教育为经济结构调整和技术进步服务、为促进就业和再就业服务、为农村农业和农民服务、为推进西部大开发服务的功能。[2]正是在此背景下，学界对高等职业教育对经济社会发展的贡献进行了大量研究。

## 一、高等职业教育对经济社会发展贡献的理论基础

早在古希腊时期，柏拉图就有关于教育与社会关系的论述，提出了教育能促进经济发展的思想。回顾已有研究可以发现，马克思主义教育思想、新经济增长理论、人力资本理论成为教育与社会关系尤其是教育与经济关系论述的核心思想，学界也将其作为高等职业教育对经济社会发展贡献研究的理论基础。

### （一）马克思主义教育思想

马克思曾指出，一切社会变迁的终极原因，应当在生产方式和交换方式的变更中去寻找，应当在有关的时代的经济学中去寻找。[3]马克思历史唯物主义科学地解释了教育与社会发展之间的关系，对教育如何促进社会发展进行了科学的阐释，这成为分析教育与经济社会发展问题的理论基础和方法论。[4]具体到职业教育，马克思指出："要改变一般人的本性，使他获得一定劳动部门的技能和技巧，成为发达的和专门的劳动力，就要有一定的教育和训练。因为教育可以使劳动者劳动变换能力得到增强，使劳动者对不断变换的劳动需求具有适应性。"[5]实际上马克思是从侧面指出了职业教育对经济发展的重要作用，这可以看成职业教育与经济发展关系研究的理论依据。[6]

### （二）新经济增长理论

西方经济增长理论的研究大致经历了古典经济增长理论、新古典经济增长理论和新经济增长理论（又称为"内生增长理

论”）三个阶段。新经济增长理论作为西方经济理论的一个重要分支，产生于20世纪80年代中期，主要代表人物有罗默、卢卡斯、巴罗、斯克特等。知识在西方发达国家由工业化社会向后工业化社会转变的过程中逐渐发挥了重要作用，于是在经济学领域开始更多地考虑知识对经济增长的影响。新经济增长理论正是在这一基础上发展起来的，其核心思想在于经济可以实现内生增长，而内生的技术进步则是经济实现持续增长的决定因素，因此大多数新经济增长模型都着重考察技术进步得以实现的各种机制和具体表现形式。[7]新经济增长理论模型很好地解释了经济增长差异的原因，即人力资本水平越高、人力资本越丰富则经济增长率越高。[8]虽然新经济增长理论有其自身的局限性，但在职业教育研究中仍然有一定的指导意义，因此很多学者将其作为理论基础来指导相关研究。

### （三）人力资本理论

虽然新经济增长理论已经开始认识到知识的重要性，但真正将教育引入经济增长分析框架之中的则是人力资本理论。[9]舒尔茨明确提出，长期以来，人们就抱有一种顽固的偏见，认为资本只包括物质设施、建筑物、器材和物资库存等等。这成为人们贬低人力资本而抬高物力资本的原因，因此能根据一种把人力资本、物力资本都包括进去的全面的资本概念去考虑问题的想法既颇有裨益又妥帖正当。[10]实际上，舒尔茨的人力资本理论的主要内容可以大体概括为以下几点：第一，在经济增长中，人力资本的作用大于物力资本的作用；第二，人力资本的核心是提高人口质量，而教育投资则是人力投资的主要部分；第三，教育投资应以市场供求关系为依据。[11]此外，康特在《职业教育与经济发展》一书中，揭示了职业技术教育与国民经济发展之间的密切关系。英国经济学家巴洛夫则更加直接地指出，发展中国家的职业教育与经济发展是相辅相成、相互促进的[12]。人力资本理论重视人力资本在经济增长中的作用，认为教育是提高人力资本的重要手段。因此，学界将人力资本理论作为分析高等职业教育与经济社会发展关系的重要理论基础，被普遍用来阐释职业教育对经济发展的促进作用。

## 二、高等职业教育经济社会贡献率的计算模型

在经济学领域，经济增长问题一直是一个重大的理论问题，在西方资产阶级古典经济学诞生之初就有相关论述。而在教育学领域，也同样借助经济增长模型构建了整个教育体系的经济贡献率模型，并在此基础上进一步计算职业教育的经济贡献率。

### （一）柯布-道格拉斯生产函数

柯布-道格拉斯生产函数（通常简称为“C-D 函数”）由美国数学家柯布和经济学家道格拉斯提出，是经济学中被广泛使用的生产函数。1928 年，柯布和道格拉斯在探讨投入和产出的关系时，在生产函数一般形式的基础上引入了技术资源因素，他们认为在经济技术条件不变的前提下，产出和投入的劳动力与资本的关系可表示为：$Y=AK\alpha L\beta$。

其中，$Y$ 为产量，$A$ 为技术水平，$K$ 为投入的资本量，$L$ 为投入的劳动量，$\alpha$ 和 $\beta$ 则为 $K$ 和 $L$ 的产出弹性。$\alpha$ 表示资本弹性，当生产资本增加 1%时，产出平均增长 $\alpha$%；$\beta$ 为劳动力的弹性，当投入生产的劳动力增加 1%时，产出平均增长 $\beta$%；$A$ 为常数（也可称之为“效率参数”），表示能够影响产量，但不能单独归属为资本和劳动的因素。[13]

### （二）索洛增长模型

新古典增长理论的代表人物索洛于 1957 年发表《技术进步与总生产函数》一文，在柯布-道格拉斯生产函数和边际生产力分配理论的基础上建立了索洛增长模型。索洛指出，导致人均产出发生变动的因素可能包含人均资本的变动和劳动效率的变动两个方面，但人均资本变动对人均产出的影响并不显著，相反劳动效率的提高则可引起人均产出的持久增长，这就意味着收入差异主要是由劳动效率不同所致。可见，实物资本的积累并不是经济增长和收入差异的根源，劳动效率的提高才为其根本原因。[14]

### （三）舒尔茨余数分析法

估算教育经济效益的余数分析法最早由舒尔茨提出。他在分析美国经济增长时发现，无法用传统的方法解释劳动者的受教育程度提高与劳动总收入变化之间的关系。为了说明教育资本存量增长对国民收入增长的贡献，舒尔茨计算出了美国初等教育、中等教育和高等教育三级教育投资的收益率，以三级教育资本存量在教育资本总存量中的比重为权数计算出了教育投资的平均收益率，并用教育资本存量增长额乘以教育投资平均收益率，计算出提高劳动者受教育程度所获得的国民收入，最终计算出教育对国民收入增长的贡献率。[15]

### （四）丹尼森增长因素分析法

由于涉及的相关因素较为复杂，所以精确计算教育对经济增长的贡献十分困难。美国著名经济学家丹尼森通过因素分析法较早做了此方面的尝试，其因素分析法集中反映在 1974 年出版的《1929—1969 年美国经济增长的核算》一书中。[16]丹尼森以劳动者的人均工资为简化尺度，以不同级别受教育程度劳动者的平均工资与接受初等教育的劳动者之间的工资比例来表示教育对经济增长的影响。其因素分析法公式为：$Ce=\beta e/y$。其中，$Ce$ 为教育对国民经济年均增长率的贡献份额；$\beta$ 表示劳动力弹性系数；$e$ 为教育投入年均增长率；$y$ 表示国民经济年均增长率。[17]

### （五）斯特鲁米林劳动简化计量分析法

苏联学者斯特鲁米林、科斯坦扬、科马洛夫等在马克思劳动价值论关于"复杂劳动是多倍的简单劳动"理论的基础上，提出计算教育对国民收入增长的劳动简化计量分析法。他们认为，复杂劳动与简单劳动的重要区别在于，复杂劳动比简单劳动创造的价值更大，同时劳动者的受教育程度也是不同的，复杂劳动代表较高受教育程度的劳动，而简单劳动则为较低受教育程度的劳动。于是，他们将复杂劳动转化为多量的简单劳动，以确定在劳动总量中因受教育程度提高而增加的劳动量为多少，并进一步确定因受教育程度提高而带来的国民收入的增长额，最终可以说明教育投资的经济效益即教育对经济增长的贡献。[18]劳动简化计量分析法的核算方法要确定劳动简化率，即将复杂劳动量折算为简单劳动量的比例。通常所用的确定劳动简化率的计量方法有工资差异法、教育年限法、教育费用法以及劳动生产率法等。[19]

### （六）国内高等职业教育贡献率计算方法

国内学者在计算高等职业教育对经济发展的贡献率时，基本都是采用的演绎算法，即立足西方经济贡献率模型，借鉴教育对经济贡献率的算法，然后采用一定的数学模型剥离出职业教育单独的贡献率。有学者梳理了几种常用的指标，即教育对新增国民收入额的贡献比例、教育对国民收入增长速度的贡献比例、教育对新增劳动生产率的贡献比例、教育对劳动生产率增长速度的贡献比例。主流的做法是计算教育对国民收入增长速度的贡献比例，即教育投入所带来的国民生产总值的增长速度占国民生产总值总增长速度的比重。实际上，在计算过程中最为核心的内容在于选用何种算法剥离出职业教育的独有贡献，目前学界常用的计算方法有排除法、权数分配法和指数增量法三种。[20]

## 三、高等职业教育对经济社会贡献的现状

学界较为全面地研究了高等职业教育对经济社会贡献的现状，主要包括贡献的途径有哪些、贡献的程度如何、还存在哪些现实困境等内容。

### （一）对经济社会贡献的途径

一直以来高等职业教育被认为对经济发展具有重要的促进作用，是经济增长的核心要素。经济增长主要取决于人力资源、资本、劳动生产率和科技进步四个要素，相对应职业教育对经济发展的贡献主要体现在对人力资源配置、劳动生产率的提升、科技发展以及生产管理现代化的推动等方面。[21]具体表现在：通过培养高端技能型人才为经济发展提供人才支撑；实现区域产业结构的调整和优化；[22]增强社会技术创新和研发能力，提高劳动生产率；通过高等职业教育投资也可以拉动内需、促进消费，达到推动经济增长的目的[23]。

除经济贡献之外，高等职业教育在推动社会发展、实现社会公平等方面也起到了至关重要的作用。比如，职业教育的特

性使其具有消除绝对贫困、缩小相对贫困、消解能力贫困和消除文化贫困的多元扶贫功能。[24]职业教育的发展可以缓解劳动力结构型失业的压力，可以支持城镇化进程中农村劳动力的技能转移，可以有效缩小居民的收入分配差距。[25]此外，职业教育还能有效延长国民受教育的年限，促进人的全面发展。[26]有学者对四川高等职业教育对四川经济社会发展的贡献做了初步研究。四川高职高专院校数量的增加，院校地域分布的扩散，通过民生工程的推进，为老少边穷地区学生提供了接受高等教育的机会，促进了教育均衡发展和教育公平的实现；此外，四川高职高专院校培养了一大批一线人才，有力推动了基层社会的发展。[27]

### （二）对经济社会贡献的程度

高等职业教育在推动三大产业发展、促进经济增长等方面做出了很大贡献，尤其是与中等职业教育和普通教育相比优势更为明显。从行业角度来看，产业形态越高对高技能人才的需求就越大，高等职业教育的贡献相应也就越大。[28]学界对全国主要省市的高等职业教育贡献率进行了研究。有学者计算了2001—2009年浙江省高等职业教育对经济增长的贡献率，结果显示高等职业教育对经济增长的贡献率为1.21%，占教育对经济增长贡献总量的11.23%。可以说，高等职业教育的经济功能不断凸显，对经济的增长做出了较大贡献。[29]

也有研究指出高等职业教育的贡献率低于本科教育，同时从全国范围来看高等职业教育的贡献率具有较高的非均衡性。2001—2011年，天津市高等职业教育对全市经济增长的贡献率为1.78%，教育总体对经济增长的贡献率为15.13%，高等职业教育所占的贡献比为11.77%。而同期高职教育和本科教育学历的从业人员占总从业人员的比例分别为7.2%和3.4%，高职教育学历从业人员的绝对数和比例均高于本科学历从业人员，但高等职业教育对经济增长的贡献率却低于本科教育。[30]另有学者研究指出，高等职业教育对经济增长的贡献具有非均衡性。2001—2012年全国高等职业教育的经济贡献率为0.36%，东部11省市的平均贡献率为0.61%，中部地区的平均贡献率为0.50%，而西部地区的贡献率仅为0.34%。就各省市的情况而言，天津市高等职业教育对经济的贡献率最高，达0.99%，贡献率最低的为青海省，只有0.05%。[31]

### （三）存在的现实困境

同普通教育相比，高等职业教育与经济社会发展有更为直接的关系，其对经济社会发展的贡献也应该有更大的提升空间。近些年人们对高等职业教育的经济功能有所重视，但高等职业教育经济贡献的绝对数值仍然较小，同时与经济增长的速度相比高等职业教育的发展速度也比较缓慢。[32]从院校数量、院校分布以及专业设置的角度来看，高职教育还存在着数量不足、专业结构与产业结构不适应，以及农业等基础类专业设置不能满足经济社会发展需求等问题。

比如，四川高职高专院校数量与全国平均水平相差较远，院校布局与地域人口密度不匹配、不能满足民生和经济发展的实际需求；专业设置与产业对接有一定偏差，全省2012年三大产业结构的比重为13.8%、52.8%和33.4%，而对应的专业设置比例为3%、30%、67%。[33]河北省2008年第一、第二、第三产业增加值占全省生产总值的比重为13.17%、52.82%和34.01%，三大产业的就业结构为40.42%、30.96%和28.62%，而高职高专院校与三大产业相对应的专业计划招生人数比例为1.67%、28.92%和69.41%，专业设置结构与区域经济结构不协调的现象依然存在。[34]再如，江苏省高职院校农业等基础类专业设置比例均较低，无法满足区域经济社会发展的需求。[35]

## 四、提升高等职业教育对经济社会贡献的策略

提升高等职业教育对经济的贡献率可以从以下三方面尝试：第一，进一步完善收入分配制度，以便劳动力的技术价值和受教育价值得到充分体现；第二，引导社会力量支持高等职业教育，实现高等职业教育投资主体多元化和办学形式多样化，提升高等职业教育的社会化程度；第三，加大对高等职业教育的投资力度，加快高等职业教育的发展速度。[36]也有学者从政府、企业和院校三方主体的角度提出了解决策略。在宏观层面上，要积极转变观念，强化大力发展高等职业教育的意识；抓关键问题，制定促进高职院校发展的政策措施。在微观层面上，要准确定位，明确高等职业教育的服务方向，增强其社会服务能力；从地方实际出发，构建符合地方经济社会需求的高等职业教育发展模式，并合理调整高职院校的专业设置。[37]另有学者从高等职业教育与经济社会协调发展的角度指出，高等职业教育发展规模应与区域经济发展规模相协调、专业结构应与区域经济结构相协调、教育质量应与区域经济发展水平相协调。[38]

## 五、已有研究呈现的基本特征

高等职业教育对经济社会发展贡献的研究是一个庞大的工程，具体的研究成果纷繁多样，但是通过对已有研究的回顾，发现其在研究对象、研究的学科视角、研究的基本思路以及研究的方式方法等方面呈现出了一些共同的特征。

## （一）研究的对象与学科视角

从研究对象来看，高等职业教育的区域贡献是学界研究的重点问题，包括对国家、省域以及市域等几个层面的研究，其中对省域高等职业教育经济社会贡献的研究较多。同时，随着人们对社会公平问题重视程度的加深，关于高等职业教育对民族地区、农村地区的经济社会贡献的研究也逐渐增多。另外，也有以社会弱势群体和某个职业院校为特定对象进行的相关研究。

从研究的学科视角看，研究者主要从教育学、经济学、社会学以及教育经济学、教育社会学等交叉学科的视角进行研究。研究者们认识到了高等职业教育对经济社会贡献这一问题的复杂性，认为仅仅局限在教育学这一单一的学科体系内无法对该问题进行系统而有深度的剖析，因此已有研究大多都在尝试从多学科的综合研究视角进行分析。从研究主体看，梳理已有文献发现，该问题的研究者大多为教育学领域的学者，经济学和社会学领域学者对这一问题的研究相对较少。

## （二）研究的基本思路与方式方法

从研究思路来看，可将已有研究大体分为两类：一类为高等职业教育对经济社会发展的单向度贡献；另一类为高等职业教育与经济社会协调发展。在第一类研究中，一般将高等职业教育作为自变量单向度探讨其如何对经济社会发展产生影响，以及具体的贡献度等问题。而在第二类研究中，则将高等职业教育与经济社会看成互相影响的两个因素，研究中始终会考虑经济社会因素对高职教育的制约性。

从研究方法来看，已有研究既有理论性的思辨探讨也有实证研究，既有定性研究也有定量研究。总体而论，关于高等职业教育对社会贡献的研究，尤其是对高等职业教育功能等基础性问题的讨论偏向于理论研究；而对经济贡献的研究，比如对具体数据的采集及分析等则大多为实证研究。从具体的研究方法来看，主要运用了文献法、调查法、个案法、比较法等研究方法。对高等职业教育贡献模型的梳理以及计算数据的采集主要运用了文献法；用调查法能更加全面地采集相关数据信息；在高等职业教育区域贡献的研究中大多采用个案研究的方法对某个省市或者某个院校进行深入的剖析；比较法则主要用于国内外经济贡献模型的对比、职业教育与普通教育的比较以及不同时期和不同区域职业教育贡献率的比较。

## 六、已有研究问题阐释及研究空间展望

已有研究取得了较为丰硕的成果，但是随着该研究的不断深入，我们发现高等职业教育对经济社会贡献的研究仍然还有较大的提升空间。

### （一）核心概念认识的偏差与统一

从已有研究题目及具体论述中可以发现，学界对一些核心概念的认识没有统一，存在着概念使用混乱的问题。比如，对经济、社会和经济社会这三个基础性概念认识不清，大都在笼统地谈经济社会发展，至于经济包括哪些要素、社会指的又是什么等均没有清楚的认识。虽然从不同的学科视角、在不同的话语体系下对同一概念会有不同的表述，但在学术研究中则应追求表述的科学性和严谨性，否则学术研究会出现混乱。

对经济和社会两者关系的认识一般有以下两种：第一，从教育与社会的基本关系出发，将社会看成一个大的范畴，此时

的经济则是大的社会范畴下的一个二级维度，经济和社会两者不能并列使用。在这种情况下高等职业教育对社会发展的贡献，可以具体分解为对政治、经济、文化以及人口等方面的贡献。第二，将社会看成与经济并列的小的范畴，经济和社会两者可以并列使用，但此时的社会一般指的是社会学意义上的各种社会关系结构等。与此相应，高等职业教育对经济社会发展贡献这一表述就只能局限在经济和社会两个方面，而不能包含政治、文化和人口等要素。

### （二）贡献框架结构的模糊与厘清

高等职业教育的经济社会功能是毋庸置疑的，但笼统地说高等职业教育具有促进经济社会发展的作用，不具有指导意义，更没有可信度。高等职业教育的经济社会功能的实现不是抽象的，而是高等职业教育因素对经济社会因素起作用的结果。因此，对高等职业教育和经济社会因素进行具体分解，厘清高等职业教育对经济社会贡献的框架就显得十分必要。

所谓贡献框架，简单来说，就是将高等职业教育、经济和社会分解为具体的要素，弄清高等职业教育的具体要素是如何作用于经济和社会的具体要素的。但是目前人们对经济、社会等基本概念没有科学的认识，已有研究大多没有清晰的高等职业教育经济社会贡献框架，对经济社会因素的分解也并非最佳选择，现有的几个因素（即贡献点）并不能代表经济社会发展的全部，同时分解的因素之间也存在较大的交叉。这是当前研究的不足之处，也是今后研究的突破方向。

### （三）贡献率计算模型的传统与修正

目前国内并没有统一的高等职业教育贡献率计算模型，贡献框架也模糊不清。贡献率计算模型的不统一导致计算结果不一致，于是就出现了不同学者对同一对象进行测算却得出了不同的计算结果的现象。因此，计算结果很大程度上没有可比性，数据的价值和意义也就存在较大的争议。更为关键的问题在于，已有研究大多是在立足西方经济贡献率模型的基础上进行的，而西方经济贡献率模型多大程度上适用于我国经济社会发展则是值得商榷的。因此，如何构建合理的贡献率计算模型，或者对现有模型进行科学的修正，使之既符合我国本土特色又体现高等职业教育的特殊性应该是今后研究的重点问题。

### （四）贡献特殊性的遮蔽与突出

所谓贡献的特殊性，简单来说，指的是与普通高等教育相比高等职业教育经济社会功能的独特之处。对高等职业教育经济社会功能的研究需以教育与社会关系基本理论为基础，然而在具体的研究中却因此或多或少陷入了大教育功能的窠臼之中，不能更好地从职业教育的特性出发论述其经济社会功能，没有突出高等职业教育特有的功能，对高等职业教育贡献率的算法也大多是在借鉴教育对经济贡献率算法的基础上进行的。如何在教育对经济贡献率算法的基础上剥离出高等职业教育的独特贡献，以体现高等职业教育的特殊之处值得深入探究。

### （五）社会贡献的缺位与加强

目前来看接受高等职业教育的学生大多是教育中的弱势群体，因为社会问题向教育领域的转嫁致使这部分教育弱势群体又大多是社会发展中的弱势群体。因此，应该更多关注高等职业教育的社会功能，通过对弱势群体的补偿，达到教育公平，进而促进社会公平的实现。然而，现有研究大多集中在高等职业教育的经济贡献方面，而对其应有的社会贡献的关注相对较少，更多关注的是直接的经济发展效益，而忽视了更为重要的隐性的社会效益。因此，在后续研究中应更多关注高等职业教育的社会贡献，探究其如何促进农村地区、民族地区的发展，探究其如何改善社会弱势群体的民生状况等。

# 第二章 四川高等职业教育与经济社会发展概述

## 一、四川高等职业教育发展概述

### （一）院校发展

1. 院校总量

1998 年，经教育部批准，成都航空工业学校改建为成都航空职业技术学院，四川第一所高职院校诞生。截至 2000 年年底四川共成立高职高专院校 5 所。自 2001 年起高职高专院校获得了较快发展，四川高职高专院校的数量稳步增长，截至 2015 年年底全省高职高专院校数量已增至 58 所。从院校数量增加的具体时间来看：2001—2004 年，高职高专院校增加 31 所；2005—2008 年，高职高专院校增加 10 所；2009—2012 年，高职高专院校增加 6 所；2013—2015 年，高职高专院校增加 6 所[39]（如图 2-1 所示）。

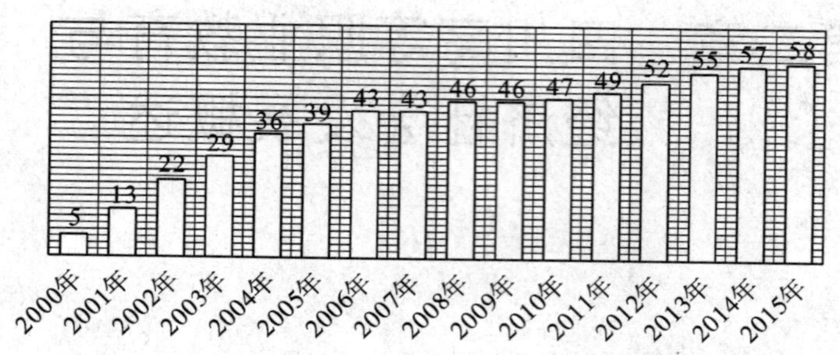


**图 2-1　四川高职高专院校数量统计图**

通过对院校发展数量的年代分析，可以大体归纳出四川高职高专发展的总体趋势。图 2-2 清晰地呈现了不同时期四川高职高专院校发展的特征：2000 年之前，高职高专教育处于起步和探索阶段，高职高专院校数量较少；2001—2004 年，四川高职高专院校快速发展，进入了规模发展时期，院校数量急剧增加，与 2000 年相比院校数量将近翻了 3 番；2005—2008 年，高职高专院校规模的扩张速度开始明显放缓，由规模发展逐渐向内涵发展转变；2009 年以后高职高专院校规模的发展速度进一步放缓，进入了相对稳定的发展期。

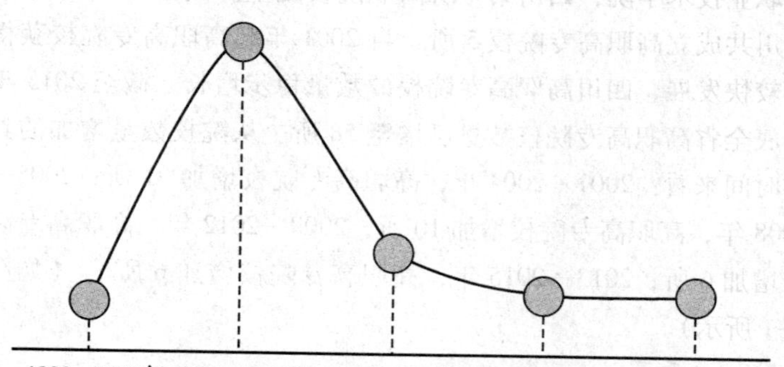


**图 2-2　四川高职高专院校发展趋势图**

新成立的高职高专院校主要包括两种形式：一种是在中专学校和技工学校的基础上升格成立的；另一种则为直接新审批成立的高职高专院校。实际上除上述独立的高职高专院校之外，还有一部分本科院校以分校区的形式设置了职业技术学院。西华师范大学高等职业技术学院、电子科技大学九里堤校区、西南石油大学青龙场校区以及四川师范大学草堂校区等均属此类。

2. 院校结构

四川高职院校的结构类型不断趋于合理，全省民办高职院校的数量由 2011 年的 12 所增至 2015 年的 18 所（见图 2-3）。同时，全省民办高职院校占高职院校的比例在波动中上升，从 2011 年的 24.49%上升为 2015 年的 31.03%，除 2014 年有小幅度下降外，其余年份均呈上升趋势[40]（见图 2-3）。

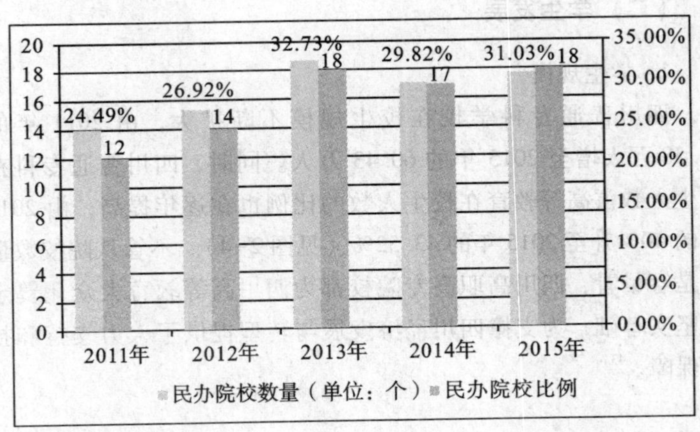


图 2-3　四川民办高职院校占比情况

在办学水平上，四川高职高专院校中有国家示范和骨干高职院校 11 所，省级示范高职院校 14 所，省级示范高职培育院校 5 所，共 30 所，占全省高职院校的 51.72%。

在地域布局上，四川高职高专院校比较适应区域经济尤其是三线城市、县域经济和民族地区的发展需要。四川高职高专院校已在省辖21个市（州）中的19个市（州）布点，有30所高职院校位于成都市，28所高职院校位于地级市及以下地区，其中有5所高职院校为县域办学，1所高职院校位于民族地区。[41]

3. 基础设施

2015年，四川省58所独立设置的高职院校占地面积29 450 448.25平方米，总建筑面积12 652 736.13平方米，固定资产总值2 266 424.44万元。生均校外实习实训基地实习时间为49.07天，生均教学科研仪器设备值12 612.80元，生均校内实践教学工位数183.39个。[42]

### （二）学生发展

1. 学生规模

四川普通专科学校在校生规模不断扩大，由2011年的45.58万人增至2015年的60.43万人。同时，四川普通专科在校生人数占高等教育在校生人数的比例也在逐年提高，由2011年的40%升至2015年的43.52%（见图2-4）。不管从院校数量还是容量看，四川高职高专院校都为四川高等教育大众化奠定了坚实基础，为支撑四川经济发展与转型提供了人力支持和技术保障。[43]

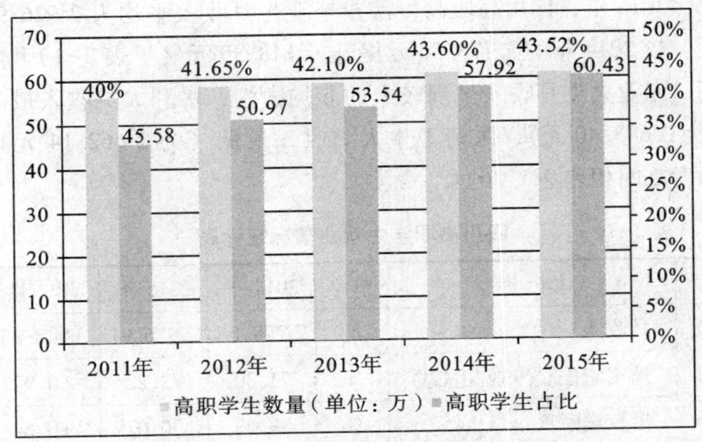


图 2-4　四川高职高专学生规模统计图

2. 学生就业

2015 年，四川高职高专院校毕业生 18. 89 万人，较 2014 年的 16. 6 万人增加了 2. 29 万人；截至 2015 年 8 月底，顺利就业 17. 12 万人，就业率达到 90. 62%，就业人数比 2014 年同期增加 19 473 人。通过对 2015 年学生就业数据的统计分析发现，学生就业的总体态势稳中有升，主要体现在就业对口率呈上升趋势、母校及雇主满意度整体较高、月收入持续提升三个方面。[44]

2015 年，四川高职高专院校毕业生理工农医类专业相关度为 72. 22%，较 2014 年的 71. 30%，提升了 0. 92%。以院校为单位来看，理工农医类专业相关度最高为 93. 52%，最低为 46. 06%，不同院校之间的理工农医类专业相关度差距较为明显。

2015 年，四川高职高专院校毕业生对母校的满意度为 90. 07%，较 2014 年的 89. 43%提升了 0. 64%。以院校为单位来看，母校满意度最高的院校值为 99. 72%，满意度最低的院校值为 62%。同时，四川高职高专院校毕业生的雇主满意度也有所提升，从 2014 年的 85. 92%增至 2015 年的 88. 45%。

2015 年，四川高职高专院校毕业生月收入平均为 2 926.91 元，较 2014 年的 2 778.56 元提升了 148.35 元（见表 2-1）。然而，专业大类月收入呈现较大的非均衡性，水利大类收入最高（为 3 643.40 元），医药卫生大类收入最低（为 2 662.14 元），两者之间相差 981.26 元。

表 2-1　　四川高职学生就业情况统计表

| | 指　标 | 单位 | 2014 年 | 2015 年 | 增　量 |
|---|---|---|---|---|---|
| 1 | 月收入 | 元 | 2 778.56 | 2 926.91 | +148.35 |
| 2 | 理工农医类专业相关度 | % | 71.30 | 72.22 | +0.92 |
| 3 | 母校满意度 | % | 89.43 | 90.07 | +0.64 |
| 4 | 雇主满意度 | % | 85.92 | 88.45 | +2.53 |

## （三）专业建设

1. 专业设置概况

2015 年，四川高等学校新增高职高专招生专业 219 个，撤销高职高专招生专业 35 个，其中独立设置的高职院校新增招生专业 170 个，撤销招生专业 34 个。目前，高职高专专业布点 1 626 个，涉及 19 个专业大类的 76 个专业类（无管道工程类和部队基础工作类）、552 种专业，其中目录内专业 451 种，目录外专业 101 种，平均校设专业 29 个，所设专业覆盖了教育部高职专业目录二级类的 97.40%、目录内专业种数的 84.80%。

全省高职高专院校不断加大资金投入，进行重点专业建设。2014 年，教育厅、财政厅联合启动实施省级高职院校重点专业建设项目，遴选出 41 所高职院校的 100 个专业作为省级重点专业，省财政下拨专项资金 7 200 万元支持项目建设。2015 年，省级高职院校重点专业建设项目投入共计 1 亿元，较 2014 年增加 2 800 万元。省级重点专业建设有力地促进了高职院校持续加强专业内涵建设，对专业群建设及学校的全面发展起到了很好的带动作用，整体提升了高职院校服务经济发展方式转变和现代产业体系建设的能力。[45]

同时，依托国家和省级相关项目，陆续推进精品专业建设。2006 年，四川开展精品专业建设工程，共评出 33 个精品专业；2006 年以后，依托示范高职建设系列工程，开展了中央财政支持和地方财政支持的重点专业建设；2011 年，教育部、财政部又启动了“支持高等职业学校提升专业服务产业发展能力”项目，四川 37 所高校的 72 个专业通过了批准立项，共获中央财政支持 1.59 亿元。其中，作为四川产业发展重要支撑的产业支撑型专业 51 个，紧缺型专业 13 个，特色引领型专业 7 个，国际合作型专业 1 个（见图 2-5）。①

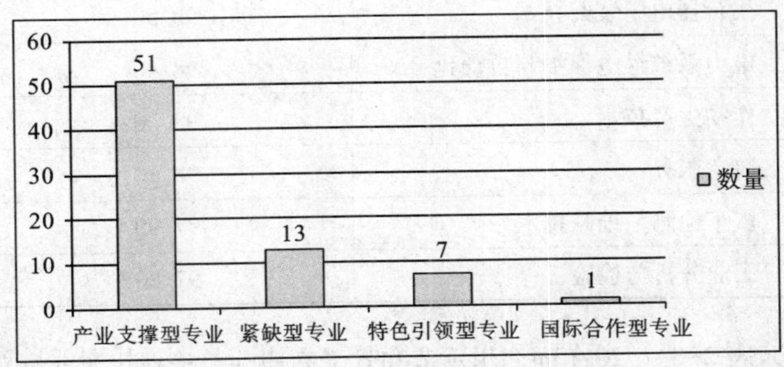


**图 2-5 四川“支持高等职业学校提升专业服务产业发展能力”项目批准立项专业**

2. 专业发展分析

本书以 2011 年四川的国家示范和国家骨干院校为个案，通

① 王永莲，杨小燕. 四川高等职业教育对四川经济社会发展的贡献初探[J]. 中国职业技术教育，2014（1）.

过就业率、月收入、工作与专业相关度、就业满意度几项指标，对四川高职高专院校专业发展的具体情况进行分析。

表 2-2 为 2011 届四川的示范和骨干高职院校毕业生半年后就业率最高的 10 个专业。就业率最高的专业为工程测量技术（99.10%），其次为学前教育（99.00%）。

**表 2-2 2011 届四川示范和骨干高职院校毕业生半年后就业率最高的 10 个专业①**

| 专业名称 | 毕业半年后就业率（%） |
| --- | --- |
| 工程测量技术 | 99.10 |
| 学前教育 | 99.00 |
| 电脑艺术设计 | 98.90 |
| 给排水工程技术 | 98.50 |
| 飞行器电子装配技术 | 98.50 |
| 电力系统继电保护与自动化 | 98.40 |
| 作物生产技术 | 98.20 |
| 航空服务 | 98.10 |
| 汽车检测与维修技术 | 97.90 |
| 工业分析与检验 | 97.80 |

表 2-3 为 2011 届四川示范和骨干高职院校毕业生半年后就业率最低的 10 个专业。最低的专业为酒店管理（89.1%），其次为旅游英语（89.2%）。

① 数据来源于麦可思-四川省教育厅高等教育处“2011 届四川省高校毕业生社会需求与培养质量调查”。

**表 2-3　2011 届四川示范和骨干高职院校毕业生半年后就业率最低的 10 个专业①**

| 专业名称 | 毕业半年后就业率（%） |
| --- | --- |
| 酒店管理 | 89. 10 |
| 旅游英语 | 89. 20 |
| 计算机网络技术 | 89. 80 |
| 语文教育 | 90. 00 |
| 文秘 | 90. 50 |
| 畜牧兽医 | 90. 60 |
| 服装设计 | 90. 60 |
| 汽车技术服务与营销 | 90. 60 |
| 电子信息工程技术 | 91. 00 |
| 焊接技术及自动化 | 91. 30 |

表 2-4 为 2011 届四川示范和骨干高职院校毕业生半年后月收入最高的 10 个专业。月收入最高的专业为航空服务（4 879 元）。

**表 2-4　2011 届四川示范和骨干高职院校毕业生半年后月收入最高的 10 个专业②**

| 专业名称 | 毕业半年后月收入（元） |
| --- | --- |
| 航空服务 | 4 879 |
| 汽车技术服务与营销 | 3 417 |

① 数据来源于麦可思-四川省教育厅高等教育处“2011 届四川省高校毕业生社会需求与培养质量调查”。

② 数据来源于麦可思-四川省教育厅高等教育处“2011 届四川省高校毕业生社会需求与培养质量调查”。

表2-4（续）

| 专业名称 | 毕业半年后月收入（元） |
| --- | --- |
| 市场开发与营销 | 3 292 |
| 给排水工程技术 | 3 236 |
| 建筑设计技术 | 3 233 |
| 工程测量技术 | 3 229 |
| 冶金技术 | 3 210 |
| 市政工程技术 | 3 207 |
| 飞行器制造工艺 | 3 189 |
| 建筑工程技术 | 3 131 |

表 2-5 为 2011 届四川示范和骨干校高职院毕业生半年后月收入最低的 10 个专业。最低的专业为学前教育（2 127 元），其次为语文教育（2 184 元）。

**表 2-5　2011 届四川示范和骨干高职院校毕业生半年后月收入最低的 10 个专业①**

| 专业名称 | 毕业半年后月收入（元） |
| --- | --- |
| 学前教育 | 2 127 |
| 语文教育 | 2 184 |
| 护理 | 2 254 |
| 英语教育 | 2 274 |
| 财务管理 | 2 302 |
| 应用化工技术 | 2 321 |

① 数据来源于麦可思-四川省教育厅高等教育处“2011 届四川省高校毕业生社会需求与培养质量调查”。

表2-5(续)

| 专业名称 | 毕业半年后月收入（元） |
| --- | --- |
| 园艺技术 | 2 417 |
| 园林技术 | 2 429 |
| 电脑艺术设计 | 2 429 |
| 供用电技术 | 2 444 |

表2-6为2011届四川示范和骨干高职院校毕业生工作与专业相关度最高的5个工农医类专业。相关度最高的工农医类专业为供热通风与空调工程技术（94%）。

**表2-6 2011届四川示范和骨干高职院校毕业生工作与专业相关度最高的5个工农医类专业①**

| 专业名称 | 工作与专业相关度（%） |
| --- | --- |
| 供热通风与空调工程技术 | 94 |
| 护理 | 93 |
| 建筑工程技术 | 91 |
| 发电厂及电力系统 | 91 |
| 道路桥梁工程技术 | 90 |

表2-7为2011届四川示范和骨干高职院校毕业生工作与专业相关度最低的5个工农医类专业。最低的工农医类专业为计算机辅助设计与制造（32%）。

① 数据来源于麦可思-四川省教育厅高等教育处“2011届四川省高校毕业生社会需求与培养质量调查”。

表 2-7　2011 届四川示范和骨干高职院校毕业生工作与专业相关度最低的 5 个工农医类专业①

| 专业名称 | 工作与专业相关度（%） |
| --- | --- |
| 计算机辅助设计与制造 | 32 |
| 计算机应用技术 | 38 |
| 飞行器制造工艺 | 42 |
| 园艺技术 | 43 |
| 电子信息工程技术 | 43 |

表 2-8 为 2011 届四川示范和骨干高职院校毕业生工作与专业相关度最高的 5 个文理类专业。最高的文理类专业为学前教育（91%）。

表 2-8　2011 届四川示范和骨干高职院校毕业生工作与专业相关度最高的 5 个文理类专业②

| 专业名称 | 工作与专业相关度（%） |
| --- | --- |
| 学前教育 | 91 |
| 会计 | 77 |
| 市场开发与营销 | 73 |
| 会计电算化 | 73 |
| 财务管理 | 69 |

表 2-9 为 2011 届四川示范和骨干高职院校毕业生工作与专

① 数据来源于麦可思-四川省教育厅高等教育处“2011 届四川省高校毕业生社会需求与培养质量调查”。

② 数据来源于麦可思-四川省教育厅高等教育处“2011 届四川省高校毕业生社会需求与培养质量调查”。

业相关度最低的5个文理类专业。最低的文理类专业为商务英语（38%）。

表2-9 2011届四川示范和骨干高职院校毕业生工作与专业相关度最低的5个文理类专业①

| 专业名称 | 工作与专业相关度（%） |
|---|---|
| 商务英语 | 38 |
| 旅游英语 | 39 |
| 工商企业管理 | 40 |
| 电子商务 | 42 |
| 物流管理 | 44 |

表2-10为2011届四川示范和骨干高职院校毕业生就业现状满意度最高的10个专业。就业现状满意度最高的专业为航空服务（84%）。

表2-10 2011届四川示范和骨干高职院校毕业生就业现状满意度最高的10个专业②

| 专业名称 | 就业现状满意度（%） |
|---|---|
| 航空服务 | 84 |
| 电脑艺术设计 | 72 |
| 护理 | 72 |
| 文秘 | 71 |

① 数据来源于麦可思-四川省教育厅高等教育处"2011届四川省高校毕业生社会需求与培养质量调查"。

② 数据来源于麦可思-四川省教育厅高等教育处"2011届四川省高校毕业生社会需求与培养质量调查"。

表2-10(续)

| 专业名称 | 就业现状满意度（%） |
| --- | --- |
| 给排水工程技术 | 70 |
| 英语教育 | 68 |
| 服装设计 | 68 |
| 电力系统继电保护与自动化 | 68 |
| 金融与证券 | 68 |
| 计算机通信 | 67 |

表 2-11 为 2011 届四川示范和骨干高职院校毕业生就业现状满意度最低的 10 个专业。最低的专业为材料成型与控制技术（35%）和工业分析与检验（35%）。

**表 2-11　2011 届四川示范和骨干高职院校毕业生就业现状满意度最低的 10 个专业①**

| 专业名称 | 就业现状满意度（%） |
| --- | --- |
| 材料成型与控制技术 | 35 |
| 工业分析与检验 | 35 |
| 计算机辅助设计与制造 | 38 |
| 公路工程造价管理 | 38 |
| 焊接技术及自动化 | 39 |
| 飞行器电子装配技术 | 42 |
| 工程机械运用与维护 | 42 |
| 汽车制造与装配技术 | 43 |

① 数据来源于麦可思-四川省教育厅高等教育处“2011 届四川省高校毕业生社会需求与培养质量调查”。

表2-11(续)

| 专业名称 | 就业现状满意度（%） |
| --- | --- |
| 工程监理 | 43 |
| 机械制造与自动化 | 44 |

## （四）教师发展

2015 年，四川省 58 所独立设置的高职院校共有教职工 35 024 人，其中专任教师 25 253 人，双师型专任教师 7 994 人。专任教师及双师型专任教师人数占教职工总数的比例分别为 72.10%、22.82%。

2015 年，专任教师人均企业实践时间与企业兼职教师专业课课时占比较 2014 年均有增加。专任教师人均企业实践时间由 2014 年的 22.48 天增至 2 015 的 23.69 天，企业兼职教师专业课课时占比由 2014 年的 25.70% 增至 2015 年的 26.32%（见表 2-12）。

表 2-12　　2014—2015 年四川高职院校资源表

| 序号 | 指标名称 | 单位 | 2014 年 | 2015 年 | 增量 |
| --- | --- | --- | --- | --- | --- |
| 1 | 专任教师人均企业实践时间 | 天 | 22.48 | 23.69 | +1.21 |
| 2 | 企业兼职教师专业课课时占比 | % | 25.70 | 26.32 | +0.62 |
| 3 | 生均教学科研仪器设备值 | 元 | 8 295.93 | 12 612.80 | +4 316.87 |
| 4 | 生均校内实践教学工位数 | 个 | 155.80 | 183.39 | +27.59 |
| 5 | 生均校外实习实训基地实习时间 | 天 | 51.00 | 49.07 | -1.93 |

## 二、四川经济社会发展概述

### （一）自然地理与气候条件

四川简称川或蜀，地处中国西南部，介于东经92°21′~108°12′和北纬26°03′~34°19′，东西长1 075千米，南北宽900多千米，面积48.50万平方千米，居全国第五位。四川东邻重庆，南邻云南、贵州，西接西藏，北接青海、甘肃、陕西，是连接我国西南、西北和中部地区的重要枢纽，是承接沟通中亚、南亚、东南亚的重要交通走廊。

四川位于中国大陆地势第一级青藏高原和第二级长江中下游平原的过渡地带，地势地形较为复杂，地貌特征较为多样。全省大致可分为四川盆地、川西北高原和川西南山地三大部分，西部的高原、山地海拔多在4 000米以上，东部的盆地、丘陵海拔多在1 000~3 000米。

四川气候的总体特征是季风气候明显，雨热同季，不同区域间的气候差异显著，气候垂直变化大、类型多样。东部地区多云雾、少日照，冬暖、春早、夏热、秋雨，生长季长；西部地区较为寒冷，冬长、基本无夏、日照充足，降水集中、干雨季分明。根据水热、光照条件等差异，全省大体分为三大气候区，即四川盆地中亚热带湿润气候区、川西南山地亚热带半湿润气候区和川西北高山高原高寒气候区。四川盆地热量条件好，温暖湿润，全年日照时间较短，雨量充沛；川西南山地全年气温较高，日照时间长，降水量较少；川西北海拔高差大，气候的立体变化明显，总体上以寒温带气候为主，水热不足，日照时间较长。优越的自然地理和气候条件，为四川的经济社会发展奠定了坚实的基础。

### （二）人口数量与民族分布

2015 年，四川常住人口 8 204 万人，其中乡村人口 4 291.50 万人，城镇人口 3 912.50 万人，城镇化率 47.69%。根据 2015 年全国人口抽样调查资料测算，四川全年出生人口为 84 万人，人口出生率为 10.30‰，人口自然增长率 3.36‰。①

“十一五”期间，四川重点发展了成都平原、川南和川东北 3 个城市群。在此基础上，四川省委九届四次全会提出培育 4 大城市群，新增攀西城市群。《四川省“十二五”城镇化发展规划》对 4 大城市群的范围及城市等级进一步做了明确划分。近些年，四川城市化进程加快，城市化水平有所提高，但总体来看城市化水平低于全国水平，城市规模体系仍不完善。四川共有 32 个城市，其中 1 个副省级城市，17 个地级市，14 个县级市。城区人口在 200 万人以上的城市只有 1 个，其余以中小城市居多，城区人口规模在 150 万～200 万人的城市缺乏，有明显的断层现象。从城市的空间分布来看，也存在不合理之处，城市布局东多西少，东部地区的城市数量占全省城市总数的比值为 93.75%。②

四川是我国的民族人口大省，是中国最大的彝族聚居区、第二大藏区和唯一的羌族聚居区。民族自治地方主要包括阿坝藏族羌族自治州、甘孜藏族自治州、凉山彝族自治州、北川羌

---

① 四川省统计局. 2015 年四川省国民经济和社会发展统计公报［EB/OL］.（2016-02-25）. http://www.sc.stats.gov.cn/tjxx/zxfb/201602/t20160225_201910.html（四川省统计局网站）.

② 四川省统计局. 2015 年四川省国民经济和社会发展统计公报［EB/OL］.（2016-02-25）. http://www.sc.stats.gov.cn/tjxx/zxfb/201602/t20160225_201910.html（四川省统计局网站）.

族自治县、峨边彝族自治县和马边彝族自治县。四川省 56 个民族成分齐全，世居的少数民族有彝、藏、羌、苗、回、蒙古、傈僳等 14 个民族，少数民族户籍人口 490.8 万人，占全省总人口的 6.1%。[46]

### （三）经济发展与社会保障

近年来，四川经济获得了较快发展。2015 年，全省生产总值 30 103.1 亿元，比上年增长 7.9%，增速高于全国平均水平。人均地区生产总值为 36 836 元，比上年增长 7.2%。其中，第一产业增加值为 3 677.3 亿元，比上年增长 3.7%；第二产业增加值为 14 293.2 亿元，比上年增长 7.8%；第三产业增加值为 12 132.6 亿元，比上年增长 9.4%。三大产业所占的结构比例为 12.2 ∶ 47.5 ∶ 40.3，三大产业对经济增长的贡献率为 5.0%、53.9%和 41.1%。

2013 年 12 月，四川省委经济工作暨城镇化工作会议提出了三大新兴增长极的概念，会议强调要重点建设天府新区、川南和川东北三大新兴增长极。经过近些年的发展，四川在三大新兴增长极的基础上逐渐形成成都、攀西、川南、川东北和川西北五大经济区。

2015 年，全省人均可支配收入为 17 221 元，比上年增长 9.3%。其中，城镇居民人均可支配收入为 26 205 元，比上年增长 8.1%；农村居民人均可支配收入为 10 247 元，比上年增长 9.6%。城镇人均消费性支出 19 277 元，较上年增长 8.5%，城镇居民恩格尔系数为 35.2%；农村居民人均消费支出为 9 251 元，较上年增长 11.4%，农村居民恩格尔系数为 39.1%。

近些年，全省社会保障体系逐渐健全。截至 2015 年年末，参加城镇职工基本养老保险的人数为 1 939.0 万，参加城乡居民养老保险人数为 3 020.4 万；全年纳入城市低保的人员为 157.1 万，农村低保人数为 405.3 万，城镇和农村最低生活保障人均补助水平比上年分别提高 20 元和 15 元。①

① 四川省统计局. 2015 年四川省国民经济和社会发展统计公报［EB/OL］.（2016-02-25）. http://www.sc.stats.gov.cn/tjxx/zxfb/201602/t20160225_201910.html（四川省统计局网站）.

# 第三章　四川高等职业教育对经济社会发展贡献的分析

## 一、高等职业教育服务经济社会发展的举措

### （一）开展内涵建设，奠定高品质贡献的基础

1. 开展高职高专院校人才培养水平评估

为进一步贯彻落实《教育部关于印发〈高等职业院校人才培养工作评估方案〉的通知》（教高〔2008〕5号）和《教育部办公厅关于建立职业院校教学工作诊断与改进制度的通知》（教职成厅〔2015〕2号）要求，2015年四川省教育厅继续加强高职人才培养工作评估，本着“严格评估工作纪律，确保公平、公开、公正，增强评估工作实效性”的基本原则，对四川长江职业学院等3所院校人才培养工作进行评估，对四川艺术职业学院等4所院校人才培养工作评估进行回访。

为帮助高职院校理解教学工作诊断与改进制度的指导思想和指标内涵，四川省教育厅于2015年11月17日在成都召开四川高职院校人才培养工作评估培训会，全省58所高职院校分管教学的校领导和教务处处长参加了培训。培训会的举办对推动

实施教学诊断与改进工作，掌握数据平台的管理使用方法，切实提高高职院校办学水平和人才培养质量意义重大。

同时，持续组织做好“高职院校人才培养工作状态数据采集与管理平台”的数据采集填报工作，全面提升数据采集的科学性和实效性，为深入开展高职院校人才培养工作评估，系统掌握并统筹规划高职教育发展提供了重要的数据支撑。

评估工作极大地推动了高职高专院校办学行为的规范和办学条件的提升，引导全省高职高专院校由规模建设转向对质量提升的关注，拉开了全面推进质量工程的序幕。

2. 实施国家和全省开展的示范高职建设系列工程

全省 58 所独立设置的高职院校，经过多年的建设，现有国家示范性高职院校 6 所、国家骨干高职院校 5 所、省级示范高职院校 14 所，占全省高职院校的 43.1%，整体办学水平较高。其中国家示范（骨干）院校数量在全国排名第三，仅仅低于江苏 15 所、山东 13 所，远远超过全国每省平均 6.4 所的水平。这昭示着四川高职教育的成功转型，标志着四川从高职教育大省向高职教育强省的迈进（见图 3-1）。

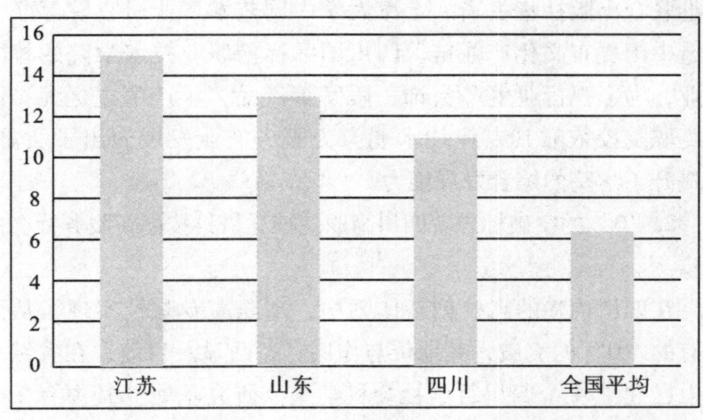


**图 3-1　四川国家示范和骨干高职院校数量与全国比较图**

### （二）构建创新体系，跻身高品质贡献的行列

1. 面向企业和市场的技术服务成为高职院校新的增长点

高等职业教育以其独特的“职业”属性，在构建终身教育体系的进程中，通过开展有别于“学历教育”的岗位培训、新技术技能培训，不断增强学院服务行业、企业、市场的能力，拓展学校的生存空间，有力支撑产业、行业的技术革新和发展。

目前，全省高职高专院校拥有众多职业技能鉴定机构，为行业企业员工的入职和可持续发展提供了平台；部分高职高专院校已与行业、企业合作出资共建员工技术培训中心，支撑企业新技术培训和员工职业发展；还有部分学校已成立具有独立法人资格的培训公司，进行市场化运作，极大激活了学校服务行业、企业、市场的潜力。比如四川邮电职业技术学院的邮电行业员工培训公司，承担了该行业几乎所有的业内培训。

内江职业技术学院目前已与温州天坤投资集团、福州万晟投资集团、广西中大投资集团、香港经纬国际会展有限公司、香港联合出版社集古斋、上海大学中国艺术产业研究院等联合打造中国夏布文化产业链。四川国际标榜职业技术学院的校办产业，为影视行业生产头饰、假发等产品，年产值过亿元。四川高职院校依靠其专业技术能力为服务产业发展做出了贡献，也提升了学院的综合发展能力。

2.“0”的突破标志着四川高职院校凭借科技创新服务社会的起步

在四川构建的高校创新体系中，高职高专院校实现了从无到有的“0”的突破，其地位与作用日益凸显。目前，在省级平台上已建立 4 个四川哲学社会科学重点研究基地（其中有 2 个基地所在院校已升格为本科院校）；在厅级平台上已建立 15 个四川高校校企联合应用技术创新基地、5 个高等学校重点实验室

（其中有3个基地所在院校已升格为本科院校）；60%以上的高职高专院校已建立院级教育科学研究所；部分行业院校建立了与行业共建的研究平台，开展横向科研。同时，部分高职院校设置教师专职科研岗位，以推动高职高专院校科研水平的提升（见图3-2）。

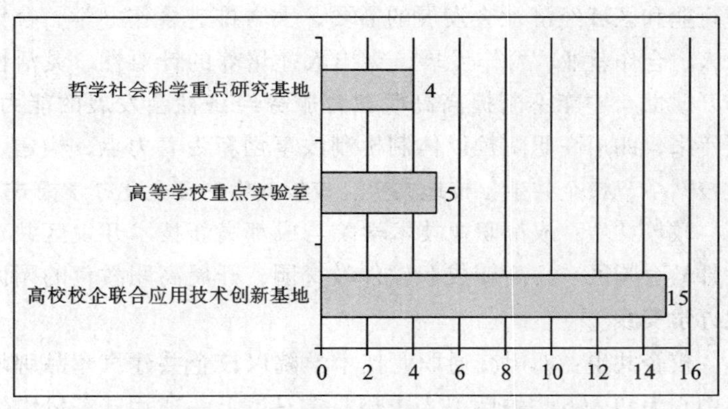


**图3-2 四川高职高专省级科技创新平台**

同时，四川高职院校也积极跻身于创新性研究的行列。据不完全统计，四川交通职业技术学院、四川建筑职业技术学院等多所高职高专院校获得了四川省科技进步二、三等奖，为四川的科技创新贡献了力量，也彰显了高职院校在高端科研方面的努力成果；阿坝师范高等专科学校（2015年4月升格为阿坝师范学院）、四川交通职业技术学院、四川艺术职业学院、乐山职业技术学院、四川职业技术学院、四川水利职业技术学院、四川建筑职业技术学院等8所院校获得省级哲学社会科学奖，它们在高职院校提升自身研究水平，服务全省人文社会科学发展方面起到了积极的作用。

当然，科技创新与技术服务目前在高职高专院校还处于起步和初步发展阶段，服务的层次日益提高，但成果的转化及其产业化还有待进一步提升。

### （三）创新办学模式，培养高端技术技能人才

"校企合作、工学结合"是近年来高职教育改革与发展探索出的一条适合中国高职教育的发展之路。高职教育只有主动适应行业和区域经济社会发展的需要，大力推进合作办学、合作育人、合作就业、合作发展，突出人才培养的针对性、灵活性和开放性，才能不断提高高职教育服务经济社会发展的能力。近年来，四川高职院校以体制机制改革创新为着力点，构建了政校共生、校企共生、校地共生、校校共生的多元化办学模式。

政校共生：成都职业技术学院与成都高新技术开发区共建软件教育园区——高新成职软件教育园，开展高职教育的园区化办学实践。

校企共生：四川交通职业技术学院以校企共建汽车品牌培训中心为切入点，先后引入丰田、宝马、上海通用、东风雪铁龙、东风标致、一汽大众、上海大众、东风本田、奥迪9大品牌厂商，校企深度合作进行专业建设，形成了"引名企进校园，融专业入社会"的校企合作新模式。

校地共生：泸州职业技术学院围绕"中国酒城"建设和服务"川滇黔渝中小型白酒企业"目标，以四川白酒企业专业营销人才供给、培训等服务为中心，与泸州老窖、郎酒集团合作改造市场营销等专业，打造"白酒营销"特色课程体系，适应区域发展需要。

校校共生：2012年3月，由成都纺织高等专科学校牵头，联合各中等职业学校、高等职业院校、科研院所、行业企业及相关社会组织共同组建了西南纺织服装职业教育联盟。该联盟目前已有108家成员单位，积极构建"政府和行业指导、校校联合、校企融合"的办学新机制。

### （四）办学主体多元化，吸引社会广泛关注

四川的58所高职院校，有省教育厅属院校、省级其他部门属院校、市州属院校、企业属院校，还有民办院校以及公有控股的股份制学校。社会资金参与高等教育，体现了高等职业教育作为一种教育类型的生存价值得到了社会的认可和高度关注。社会各类因素的参与，为四川高等职业教育发展探索了一条提升办学质量，改变办学模式，吸引社会资源加入的“政府主导，校企合作，社会力量积极参与，公办民办共同发展”的道路，形成政府、社会、市场多元办学的格局。

## 二、高等职业教育对四川经济社会发展的贡献点

### （一）对民生工程的贡献

截至2011年，四川49所独立设置的高职院校共有全日制普通高职在校生45.58万人。其中，在校生3 000人以下的有4所，占8.1%；3 000~5 000人的有8所，占16.3%；5 000~7 000人的13所，占26.5%；7 000~10 000人的有20所，占41.0%；10 000人以上的有4所，占8.1%。2012年，四川高职（专科）计划招生17万人，较上年增加6 600人，增长4.0%。

四川通过普通高考、单独招生、对口高职、五年制高职、专升本等多元化的路径，满足了广大适龄青年，特别是贫困地区、偏远山区青年的求学需求，圆了广大社会底层青年学子的“大学梦”（见表3-1、表3-2）。高职院校在教育均衡发展进程中发挥了积极作用。由于各校目前尚没有对学生生源结构做相

应的统计分析，我们仅以南充职业技术学院为例，做个案分析。南充职业技术学院 8 677 名在校生中，有 54%的学生来自农村，24.06%的学生来自贫困家庭，82.40%的学生来自盆周地区和三州（凉山州、阿坝州、甘孜州）。从生源结构看，四川高职教育普惠基层民众。因此，大力兴办职业教育是实现教育公平、均衡发展的重要举措，也是四川的重大民生工程之一。

**表 3-1　2010—2011 学年四川独立设置高职院校招生计划生源类型、在校生情况**

| 全日制高职招生数（人） | 其中（生源）（人） | | | | | 折合在校生数（人） | 全日制在校生数（人） | 全日制普通高职在校生数(人) |
|---|---|---|---|---|---|---|---|---|
| | 普通高中生 | “三校生”单招 | “3+2”招生 | 五年制高职第四学年 | 其他 | | | |
| 135 902 | 124 489 | 3 083 | 3 892 | 3 377 | 1 061 | 335 980 | 337 899 | 313 241 |

**表 3-2　四川交通职业技术学院招收少数民族地区学生情况统计表**

| 民族 | 人数 |
|---|---|
| 无标识 | 371 |
| 白　族 | 3 |
| 布依族 | 2 |
| 藏　族 | 46 |
| 侗　族 | 4 |
| 汉　族 | 11 678 |
| 回　族 | 27 |
| 京　族 | 1 |
| 黎　族 | 5 |
| 满　族 | 11 |

表3-2(续)

| 民族 | 人数 |
| --- | --- |
| 蒙古族 | 13 |
| 苗　族 | 21 |
| 纳西族 | 1 |
| 羌　族 | 38 |
| 畲　族 | 4 |
| 水　族 | 1 |
| 土家族 | 24 |
| 土　族 | 2 |
| 瑶　族 | 4 |
| 彝　族 | 51 |
| 仡佬族 | 2 |
| 壮　族 | 12 |
| 总　数 | 12 321 |
| 少数民族学生总数/比例 | 272/2.21% |

### （二）对教育本身的贡献

高等职业教育作为一种教育类型，在国民教育体系中的地位与作用日益凸显。它通过招生与就业两个主渠道，以高端技能型人才培养为载体，覆盖至社会组织的细胞——家庭和企业，在推进教育公平的过程中起到了不可或缺的作用，实现了教育与经济的和谐互动。高等职业教育在高等教育大众化进程中扮演了重要角色，让处于社会基层的广大青年学子，特别是来自老少边穷地区家庭的青年有接受高等教育的机会，促进了教育公平，有效改善了社会的人口素质结构，推动了社会文明的进程。

自美国学者马丁·特罗（Martin Trow）提出将高等教育发展的不同阶段按适龄人口毛入学率划分为精英教育、大众化教育和普及型教育三个阶段以来，世界各国普遍将这一理念的实现程度作为衡量其高等教育发展阶段的重要指标。20 世纪 90 年代初，高等教育大众化理论在我国学术界引起讨论和关注，并影响到政府的教育政策。1998 年 12 月，教育部在《面向 21 世纪教育振兴行动计划》中提出，到 2010 年我国高等教育毛入学率要接近 15%。1999 年 6 月中共中央、国务院在《关于深化教育改革，全面推进素质教育的决定》中更加明确地表述："通过多种形式积极发展高等教育，到 2010 年，我国适龄人口的高等教育入学率从现在的 9%提高到 15%左右。"虽然在这两个文件中没有出现"高等教育大众化"一词，但是由于 15%的高等教育入学率是高等教育进入大众化阶段的数字标志，可见，实现高等教育大众化已成为我国高等教育发展的重要目标之一。

美国：纵观美国高等教育大众化的发展史，可以发现，其高等教育大众化发展的重点既不是放在研究生教育上，也不是放在全日制普通本科教育上，而是放在公立两年制学院即社区学院上。有资料统计，1900 年美国高等院校为 977 所，1940 年上升为 1 800 所，在校大学生人数也相应由 23.8 万上升至 150 万，增长了 6 倍多，其中两年制学院学生人数增长得特别快，从 100 人上升到 15 万人；至 1994 年，两年制学院学生又增长到 565 万人，同时，四年制院校学生人数增长近 30 倍，研究生人数增长 281 倍，但是后两者都没有前者增长的速度快。1994 年，两年制学院学生、四年制学院学生和研究生的比例为 1∶1.25∶0.29。[47]

由此可见，在 20 世纪美国高等教育向大众化进军的过程中，普通本科院校和公立初级学院都在扩张，但是公立初级学院的扩张速度远远超过了普通本科院校的扩张速度。在最近 20 年里，美国呈现出以服务和信息为基础的经济发展趋势，获得职业性专业学士学位的人数比例从 1971 年的 50.10%增加到 1993 年的 59.10%，这表明对高等教育的多数需求都与职业相联系。[48]

英国：英国在实现高等教育大众化的进程中，发展的重点放在非传统型大学系统上。1966 年英国公布了《多科技术学院和其他学院计划》白皮书，英国高等教育双重制度自此建立。政府在白皮书中鼓励高等教育开设职业性课程，这些课程正是英国大学长期以来所忽略和不愿承担的。1969—1973 年，英国通过合并原有技术学院和继续教育学院，组建了 30 多所多科技术学院。这些学院成为英国高等教育大众化的主力军。有资料显示，1970 年至 1990 年英国非全日制大学的学生数年均增长率为 4.7%，而同期的全日制传统型大学学生数的年均增长率仅为 2.1%，非全日制大学的学生数的增长速度是全日制大学学生数增长速度的 2 倍。[49]

日本：日本的高等教育大众化的重点放在发展私立短期大学和高等专科学校上。20 世纪 50 至 60 年代，由于经济发展急需高科技技术人才和熟练技术工人，日本高等教育把发展重点放在了私立的偏实用的专科层次的理工教育上。一方面发展“五年一贯制”的高等专门学校，另一方面发展两年制短期大学，并与企业开展了多种形式的“产学合作教育”，为产业部门培养了大批高级科技人才和中低级技术员。1960—1970 年，日本高等教育学生人数增长了 141%，其中短期大学学生人数增长了 215%，高等专科学校学生人数在 1962—1970 年增长了 213%。这些短期大学和高等专科学校几乎全部是私立的。[50]

中国：从 20 世纪 90 年代开始，我国高等教育发展政策由

“适度发展”转向“积极发展”，特别是要大力发展高等职业教育。在国家政策的主导和支持下，高等职业教育在管理体制、办学模式、运行机制及招生制度等方面进行了深刻的改革。高等职业教育得到了迅猛发展。2001 年，全国共有独立设置的具有招生资格的普通高职院校 488 所，具有招生资格的成人高校 646 所，加上本科院校设置的二级学院 230 所，全国举办高职教育的院校共有 1 314 所，在校学生人数达到 656.25 万人，占全国在校大学生总数的 58%。无论从在校生规模还是从发展速度看，高等职业教育都切实地担当起了实现高等教育大众化的重任。高等职业教育的持续快速发展也推动了我国高等教育的跨越式发展。到 2002 年我国高等教育毛入学率已由 1998 年的 9.80%上升到 15%，提前 8 年实现了教育部在《面向 21 世纪教育振兴行动计划》中确定的发展目标。我国高等教育初步跨入了国际公认的所谓大众化发展阶段，我国宏观教育结构中高等教育规模偏小的局面开始得到历史性的扭转。在一些高等职业教育发展较早的经济发达地区和中心城市，高等教育已经迈入或接近普及化阶段。高等职业教育在发展过程中已经或正在显示巨大的活力和强劲的势头，但这并不能表明高等职业教育在推进我国高等教育大众化进程中主体地位的真正确立，也不能说明我们在政策和认识等方面对积极发展高等职业教育达成了共识。事实上，高等职业教育仍然是我国高等教育体系中最薄弱的部分。

教育部教育发展研究中心主任张力指出：“我们看一个国家是否能够构建起终身教育体系，就看它短期高等教育是不是能够成气候。可以设想，如果美国仅仅有哈佛大学，仅仅有四年制大学，而没有两年制社区学院的话，美国现在的高等教育毛入学率还在 30%以下。”他针对当前高校扩张中存在的盲动无序现象，进行比较分析：“没有哪一个国家在高等教育入学规模急剧扩展的态势下，让一流大学拼命扩张。哈佛大学已经历经 200 多年，它现在的在校生数仍然是 3 万人左右，其中一半还是研究生。美国人均国民生产总值是 3 万美元，我们才 800 多美元。还想靠发展本科教育来实现高等教育大众化？那真是做梦。所以，今后的扩招，主要是短期性的、职业性的、社区性的高等教育，而不是全日制的、住读的四年制本科教育，这主要是国情国力的制约。”

由此可见，大力发展高等职业教育是我国实现高等教育大众化的必然选择，这既是由我国的现实国情所决定的，也是世界各国发展大众高等教育的共同经验。要规划我国高等教育大众化的发展蓝图，实质上就是要做好积极发展高等职业教育这篇大文章。[51]

在教育部政策文件的导向下，从 1999 年开始，我国的高等职业教育顺应高校大扩招的有利形势开始了大发展。高等职业技术院校的数量从 1999 年的 474 所增加到 2005 年的 1 091 所，增加了 617 所。高等职业技术院校占普通高等院校的比例也逐年攀升，从 1999 年的 44. 26%增加到 2005 年的 60. 88%，增长了近 17 个百分点。高等职业技术院校的学生规模不断扩大，招生数、在校生数、毕业生数占普通高校学生规模的比例逐年上升。高等职业技术院校招生数从 1999 年 61. 19 万人增加到 2004 年 237. 43 万人，增加了 176 万人次；在校生规模从 1999 年 136. 15 万人增加到 2004 年 595. 65 万人，增加了近 460 万人次；毕业生从 1999 年 40. 67 万人增加到 2004 年 139. 49 万人，增加近 100 万人次。随着高等职业教育的急速扩张，高等职业教育在短短的几年时间内已经占据普通高等教育的“半壁江山”。高等职业教育的院校数量于 2001 年达到普通高校总数量的 51. 3%，而在校生规模在 2006 年已经达到普通高校总体规模的 45. 7%（见表 3-3、表 3-4）。

表 3-3　　高等职业院校与普通高校情况比较

| 年　份 | 学校数 | | | 在校生规模（万人） | | |
|---|---|---|---|---|---|---|
| | 普通高校 | 高职高专 | 比例 | 普通高校 | 高职高专 | 比例 |
| 1999 | 1 071 | 474 | 44.3% | 408.6 | 136.2 | 32.3% |
| 2000 | 1 041 | 442 | 42.5% | 556.1 | 216.1 | 38.9% |
| 2001 | 1 225 | 628 | 51.3% | 719.1 | 294.7 | 41.0% |
| 2002 | 1 396 | 767 | 55.0% | 903.4 | 376.3 | 41.7% |
| 2003 | 1 552 | 908 | 58.5% | 1 108.6 | 479.4 | 43.2% |
| 2004 | 1 731 | 1 047 | 60.5% | 1 333.5 | 595.7 | 44.7% |
| 2005 | 1 792 | 1 091 | 60.9% | 1 561.8 | 713.1 | 45.7% |
| 2006 | 1 867 | 1 147 | 61.4% | 1 738.8 | 795.5 | 45.7% |

表 3-4　2005 年各省、自治区、直辖市高等教育及高职发展情况①

| | 普通高等教育 | | | 高等职业教育 | | |
|---|---|---|---|---|---|---|
| | 学校数 | 招生数（万人） | 在校生数（万人） | 学校数 | 招生数（万人） | 在校生数（万人） |
| 北京 | 77 | 15.9 | 54.83 | 20 | 4.74 | 12.87 |
| 天津 | 42 | 10.36 | 33.16 | 24 | 5.06 | 14.09 |
| 河北 | 86 | 25.03 | 77.41 | 57 | 15.68 | 42.24 |
| 山西 | 59 | 12.75 | 40.70 | 43 | 7.31 | 21.14 |
| 内蒙古 | 33 | 7.09 | 23.09 | 23 | 4.07 | 10.97 |
| 辽宁 | 76 | 20.15 | 65.93 | 36 | 7.85 | 22.02 |
| 吉林 | 44 | 12.94 | 40.73 | 20 | 4.04 | 10.09 |
| 黑龙江 | 62 | 16.28 | 54.07 | 37 | 7.02 | 19.36 |

① 中华人民共和国教育部发展规划司. 中国教育统计年鉴（2005）[M]. 北京：人民出版社，2006：191-231.

表3-4(续)

| | 普通高等教育 | | | 高等职业教育 | | |
|---|---|---|---|---|---|---|
| | 学校数 | 招生数（万人） | 在校生数（万人） | 学校数 | 招生数（万人） | 在校生数（万人） |
| 上海 | 58 | 13.18 | 44.26 | 29 | 5.79 | 17.46 |
| 江苏 | 114 | 36.15 | 115.98 | 71 | 17.88 | 51.95 |
| 浙江 | 68 | 19.79 | 65.13 | 41 | 9.75 | 30.17 |
| 安徽 | 81 | 19.87 | 58.91 | 54 | 11.82 | 30.24 |
| 福建 | 53 | 14.67 | 40.70 | 36 | 8.17 | 20.06 |
| 江西 | 67 | 20.79 | 64.61 | 47 | 12.84 | 38.31 |
| 山东 | 99 | 40.06 | 117.13 | 60 | 26.21 | 58.15 |
| 河南 | 83 | 27.76 | 85.19 | 55 | 17.14 | 46.24 |
| 湖北 | 85 | 31.56 | 101.27 | 52 | 16.81 | 47.71 |
| 湖南 | 93 | 25.08 | 75.49 | 67 | 14.46 | 38.44 |
| 广东 | 102 | 30.70 | 87.47 | 65 | 17.04 | 44.61 |
| 广西 | 51 | 11.67 | 33.83 | 36 | 7.46 | 19.37 |
| 海南 | 15 | 2.45 | 6.99 | 11 | 1.41 | 3.63 |
| 重庆 | 35 | 11.20 | 33.36 | 20 | 5.26 | 12.42 |
| 四川 | 68 | 26.72 | 77.54 | 40 | 14.27 | 32.42 |
| 贵州 | 34 | 6.86 | 20.68 | 23 | 3.62 | 8.91 |
| 云南 | 44 | 8.45 | 25.47 | 28 | 4.12 | 10.73 |
| 西藏 | 4 | 0.76 | 1.89 | 1 | 0.29 | 0.62 |
| 陕西 | 72 | 20.89 | 66.69 | 38 | 10.63 | 29.27 |
| 甘肃 | 33 | 7.16 | 22.95 | 21 | 3.38 | 9.25 |
| 青海 | 11 | 1.17 | 3.28 | 8 | 0.59 | 1.29 |
| 宁夏 | 13 | 1.48 | 4.87 | 9 | 0.66 | 1.29 |
| 新疆 | 30 | 5.58 | 18.18 | 19 | 2.72 | 7.01 |

将2000年和2005年高职在校生规模的数据进行对比后，我们可以发现发达地区总体增长率为665%，中等发达地区总体增长率为1 083%，欠发达地区的总体增长率为927%。中等发达地区的增长幅度最大。高职在校生规模增长在10倍以上的省份主要集中在欠发达地区（见表3-5）。

**表3-5　　各区域高等职业教育增长率**

| 增长率 | 发达地区 | 中等发达地区 | 欠发达地区 |
|---|---|---|---|
| 增长10倍以上 | 天津 | 陕西、山西、黑龙江、重庆 | 江西、四川、内蒙古、甘肃、云南、贵州、海南、宁夏、青海 |
| 增长5~10倍 | 上海、江苏、广东、浙江、辽宁 | 河北、湖北、山东 | 新疆、河南、广西、湖南、安徽 |
| 增长5倍以上 | 北京 | 福建、吉林 | |

1999年，《中共中央国务院关于深化教育改革，全面推进素质教育的决定》中明确提出："高等职业教育是高等教育的重要组成部分，要大力发展高等职业教育。"高等职业教育成为高校扩招的主力军，招生规模连年增长（见表3-6）。截至2012年，四川全省有普通高等学校97所，其中本科院校45所，高职高专院校52所，高职院校占普通高等学校的53.61%（见表3-7）。四川高职高专院校占全国职业院校（708所）的7.30%。

**表3-6　　高职高专院校及其招生规模增长情况**

| 年份 | 高职高专学校 | | 高职高专招生 | |
|---|---|---|---|---|
| | 院校数 | 增长数 | 招生数(万人) | 增长率 |
| 2000年 | 442 | / | 69.79 | 14.1% |
| 2001年 | 628 | 186 | 89.81 | 20.1% |
| 2002年 | 767 | 139 | 111.38 | 24.1% |

表3-6(续)

| 年份 | 高职高专学校 | | 高职高专招生 | |
|---|---|---|---|---|
| | 院校数 | 增长数 | 招生数(万人) | 增长率 |
| 2003 年 | 908 | 141 | 199.64 | 79.24% |
| 2004 年 | 1 047 | 139 | 237.4 | 18.9% |
| 2005 年 | 1 091 | 44 | 268.1 | 12.9% |
| 2006 年 | 1 147 | 56 | 293.0 | 9.3% |

**表 3-7　四川高等职业院校与普通高等院校情况比较**

| 年份 | 学校数（所） | | | 在校生规模（人） | | |
|---|---|---|---|---|---|---|
| | 普通高校 | 高职高专 | 比例 | 普通高校 | 高职高专 | 比例 |
| 2008 | 78 | 48 | 61.54% | 977 454 | 421 438 | 43.12% |
| 2009 | 92 | 48 | 52.17% | 1 022 299 | 428 612 | 41.93% |
| 2010 | 93 | 49 | 52.69% | 1 072 843 | 429 618 | 40.04% |
| 2011 | 93 | 48 | 51.61% | 1 127 607 | 444 092 | 39.38% |
| 2012 | 97 | 52 | 53.61% | 1 222 972 | 508 961 | 41.62% |

### (三) 对区域均衡发展的贡献

1. 院校分布

在地域布局上，四川高职高专院校已在省辖 21 个市（州）中的 19 个市（州）布点。30 所高职院校位于成都市，28 所高职院校位于地级市及以下地区，其中有 5 所高职院校为县域办学，1 所高职院校位于民族地区，在布局上比较适应区域经济尤其是三线城市、县域经济和民族地区的发展需要。这种院校布局既能满足产业集中地区对人才的大量需求，也能满足边远贫困地区文化发展的需求，同时有利于促进民族地区人才本土化建设和区域社会和谐稳定。高职高专院校这样广泛布局，对当地的经济发展、文化繁荣、城市形象及人口素质提升等，起到了其他社会组织机构不可替代的作用。

2. 学生就业去向

从就业单位性质和规模看，高职院校学生主要是在基层企业就业，尤其以民营、个体企业为主体。高职院校学生分布到中小微特企业、农村技术服务站、各个地域的社区组织等，提升了生产、建设、管理、服务一线人员的综合素质和技能水平，推动了基层社会的发展。

近年来的新倾向：随着四川产业结构的调整和升级，一些技术含量高的特种企业和大中型国有企业纷纷向高职院校伸出橄榄枝，开始青睐高职院校的毕业生，进一步拓展了高职院校对经济社会的贡献空间和高职毕业生的生存空间。

以四川交通职业技术学院毕业生就业情况为例，2010 届和 2011 届毕业生均有 63%~65%的毕业生就职于民营、个体企业，21%~23%的毕业生就职于国有企业，13%的毕业生就职于中外合资、外资、政府机构等单位；29%的毕业生就职于 51~300 人规模的企业，20%的毕业生就职于 301~1 000 人规模的企业，31%的毕业生就职于 1 001 人以上规模的大型企业。①就业单位涵盖了大中小型各类性质的企业。

从就业地域看，四川高职院校学生主要流向省市县的二、三线城市和东部沿海劳动密集型城市（昆山、东莞、深圳等），体现了高职学生就业心态平和以及下得去，沉得住的特征，有力地支持了中小城市的经济社会发展。

近年来的新倾向：四川高职毕业生去向也开始呈现由省外就业市场为主转向省内就业市场为主的倾向，一些院校主动收

---

① 数据来源于麦可思公司-四川交通职业技术学院毕业生就业情况分析。

缩省外市场，将工作重点放到川渝两地的经济圈。以麦可思公司提供的数据来看，四川部分高职院校 2011 届毕业生在成都就业的达到 61.20%，且平均毕业半年后月收入达到 2 822 元。[①]这体现了四川高职院校应四川经济社会发展之需进行的战略调整，不仅实现了学生毕业即就业，而且能在“家门口”就业，这与四川区域发展人才本土化战略一致。

四川高职院校开始探索海外就业市场。比如乐山职业技术学院、四川交通职业技术学院等院校的医学护理专业、远洋航运专业的毕业生已经走出国门，走向世界，显示了四川高职院校的综合实力和就业竞争力。这也从另一个侧面佐证了四川高职院校不仅让更多的社会底层的莘莘学子能上大学，还能让他们毕业即就业，且有一份具有相应社会地位和经济待遇的工作。

### （四）对产业发展的贡献

通过加强专业建设，大力提升高职专业服务产业发展的能力，整体提高高等职业学校的办学水平和人才培养质量，四川高职院校为推进四川高校适应经济发展方式转变、调整优化专业结构、培养高素质应用型人才增添了新的改革动力。在教育部公布的 19 个专业大类、78 个专业类、532 个目录内专业、452 个目录外专业中，四川高职高专院校开设有 68 个专业类、404 个专业，其中目录内专业 347 个，目录外专业 57 个；专业布点总数 1 593 个，平均校设专业达到 30 个以上。37 所公办高职院校共布点专业 1 316 个，其中，第一产业相关专业 35 个，第二产业相关专业 397 个，第三产业相关专业 884 个，分别约占 3%、30%、67%（见图 3-3）。2011 年，教育部、财政部启动了“支持高等职业学校提升专业服务产业发展能力”项目，四川

① 数据来源于麦可思公司-四川交通职业技术学院毕业生就业情况分析。

37 所高校的 72 个专业通过了批准立项，共获中央财政支持 1.59 亿元。

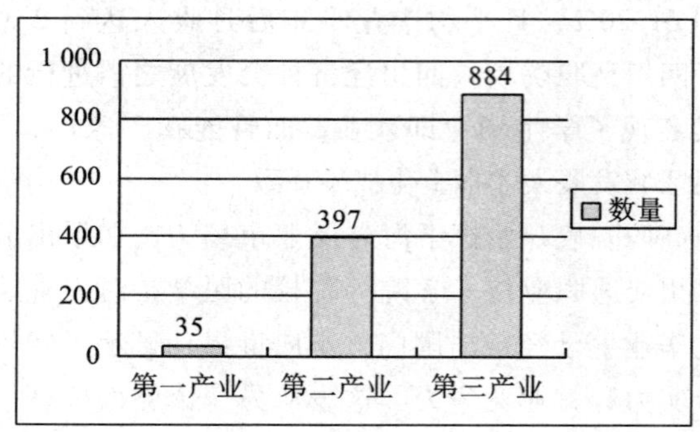


图 3-3　一、二、三产业的专业分布图

本次重点建设的 72 个专业中，农科类 4 个，交通运输类 3 个，水利类 2 个，资源开发类 1 个，材料能源类 4 个，电子信息类 8 个，医药卫生类 4 个，轻纺食品类 3 个，制造类 10 个，财经类 8 个，旅游类 4 个，艺术类 4 个，土建类 3 个，环保类 2 个，文化教育类 10 个，法律类 2 个。其中，重要支撑型专业 51 个，紧缺型专业 13 个，特色引领型专业 7 个，国际合作型专业 1 个（见图 3-4）。

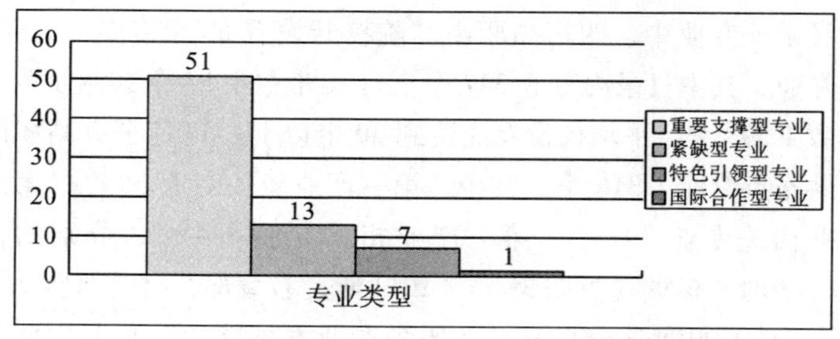


图 3-4　专业结构统计图

四川获得中央财政支持的高等职业学校提升专业服务产业

发展能力专业建设项目，重点围绕实施“西部大开发战略”“四川省工业强省战略”“成渝经济区建设”和“天府新区建设”所确定的区域支柱产业、重点产业、特色产业、现代农业，面向四川相关产业（行业）培养了一大批优秀高端技术技能人才，为四川产业发展和区域经济建设提供了强有力的人力资源。① 同时，四川是人口大省，有着巨大的人口压力，大力加强文化教育类专业建设，立足为四川乡镇和农村培养教育类知识技能型人才，符合四川“科教兴川”和实现“将人口压力转变为人力资源”的战略发展举措（见图 3-5）。

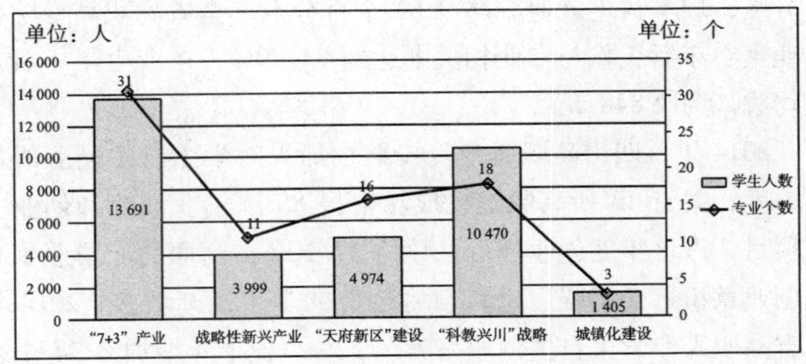


图 3-5　专业对接产业分类统计图

① 为建设“西部综合交通枢纽”“西部经济发展高地”，四川省人民政府于 2009 年发布《四川省工业“7+3”产业发展规划（2008—2020）》，其中把电子信息、装备制造、能源电力、油气化工、钒钛钢铁、饮料食品、现代中药等优势产业和航空航天、汽车制造、生物工程以及新材料等潜力产业（简称“7+3”产业）作为实施工业强省核心主导战略的重要产业进行重点发展。2011 年 11 月，四川省人民政府发布《四川省成都天府新区总体规划（2010—2030）》。该规划围绕再造一个“产业成都”的核心目标，决定大力发展“战略新兴产业、现代制造业、高端服务业和现代都市农业”，形成现代产业、现代生活、现代都市三位一体协调发展的示范区。与此同时，四川省人民政府发布《四川省“十二五”战略性新兴产业发展规划》。该规划将“新一代信息技术、新能源、高端装备制造、新材料、生物技术、节能环保”等作为四川战略性新兴产业进行加快培育和重点发展。

### （五）对人口素质提升的贡献

高等职业教育能促进学生个体的全面发展。2014 年，四川普通专科在校生 57.92 万人，占高等教育在校生总数的 43.60%。在校生总量较 2013 年增加 8.18%。全省高职（专科）毕业生 16.6 万余人，较 2013 年的 15.4 万余人增加了 1.2 万人。截至当年 8 月底，高职（专科）院校顺利就业 15.2 万人，就业率达到 91.40%，就业人数比上年同期增加 14 550 人，就业率增长 2.1 个百分点。高职（专科）就业率较研究生就业率高 6.43 个百分点，较本科生就业率高 9.63 个百分点。全省高职高专院校毕业生半年后工作与专业相关度达到 73.49%，毕业生半年后月平均收入为 2 848 元。

2014 年，四川高职高专院校继续加大对学生自主创业的培养力度，共有 13 所高职院校成功申报 85 项创业训练和创业实践项目，占该年度创业项目总数的 17.10%。高职高专毕业生自主创业意识逐渐增强，进行自主创业的学生逐渐增多，2014 年全省高职高专学生自主创业率为 3.22%，比上年增加 0.34 个百分点。

2014 年，全省高职高专院校学生在全国职业院校学生技能大赛中取得优异成绩。阿坝师范高等专科学校（现阿坝师范学院）、四川财经职业学院、四川职业技术学院以及四川交通职业技术学院等院校共荣获一等奖 10 项、二等奖 11 项和三等奖 20 项。获奖项目包括市场营销技能、会计技能、电子产品芯片级检测维修与数据恢复、汽车检测与维修等 21 个大类，共 27 个具体项目。各高职高专院校学生主动参与项目研究与开发，积极发表论文、作品，获得多项国家级、省级奖励。据统计，全省高职高专院校在校学生取得省级及以上技能大赛获奖数 1 043 项，省级及以上科技文化作品获奖数 342 项。高职高专院校通过参与技能大赛及项目研发等，进一步凸显了高职院校的办学特色，全面扩大了高职教育的影响力和吸引力，对提升高职教育人才培养质量、促进学生个体的成长意义重大。[52]

### （六）对“三农”的贡献

农业、农村、农民是长期以来四川经济社会发展中面临的重大问题，服务“三农”是职业教育发展的一大目标。四川高等职业教育的发展为全省“三农”问题的解决做出了有益的贡献。

四川是民族大省，有全国最大的彝族聚居区、第二大藏区和唯一的羌族聚居区，大小凉山彝区和高原藏区是国家集中连片贫困地区。近年来，省委省政府从促进民族地区经济社会发展和长治久安的全局出发，大力推进“民族地区教育发展十年行动计划”。全省高职高专院校主动作为，依托职教优势，发挥专业特长，通过教育培训、定向选拔、藏区“9+3”毕业生单招试点等措施，为民族地区培养急需的本土化人才，积极支持民族地区发展，切实服务于基层民生。

比如，雅安职业技术学院位于四川西部，毗邻“三州”（甘孜州、阿坝州、凉山州）民族地区，这里是多民族聚居的老少边穷地区，其特殊区位形成了服务三州与基层的传统。该学院坚持立足雅安、辐射三州、面向基层、服务农村，积极推动农村医学生培养机制创新，率先在雅安宝山县试点培养乡村一体化医学生，以“3+2”模式（即3年学制+2年培训）培养“全科助理医生”，探索“三方联动、医教协同、学岗对应、五年一体”农村助理全科医生培养模式，为“三州”地区和雅安农村地区输送了大量“下得去、用得上、吃得苦、留得住”的实用人才。仅以雅安市为例，县区乡（镇）中60%以上的医生、90%以上的护士都毕业于该校。

泸州职业技术学院是“首批四川省统计教育培训基地”“四川省创业培训定点机构”“泸州市高技能人才培训基地”，学院重点专业（群）先后开展了“村官”培训、军警培训、老少边穷地区职业技能培训、农村转移劳动力培训等，共培训了 6 306 人次。[53]

## 三、高等职业教育对经济增长贡献率的实证分析

### （一）经济增长与高等职业教育

高等职业教育与经济发展相互依存，经济发展推动高等职业教育的发展，高等职业教育的发展反作用于经济发展。四川作为人口大省，应该明确经济发展与高等职业教育发展之间的关系，协调两者之间的关系，从而推动整个四川省的发展。我们将通过宏观视角，辩证地分析经济发展与高等职业教育发展的相互关系。

随着经济的发展，人才成为国家与国家之间竞争的焦点，而培养人才的根源就是教育。教育与经济发展之间存在着相互作用的关系。我国农村人口众多，因此高等职业教育的合理构建显得尤为重要。

1. 区域经济发展对高等职业教育发展的影响

区域经济发展能促进高等职业教育的发展。一方面，经济的发展推动了科学技术的进步，提高了人们的劳动生产率，缩短了必要的劳动时间，从而使人们获得一定空闲时间；另一方面，科学的发展、技术水平的进步，迫使人们不断学习新的技术知识，增强自身综合能力，以适应经济发展的要求。

经济的发展为高等职业教育提供物质条件。高等职业教育院校的经费来源于政府部门的拨款、高等职业教育院校自身办学所收取的学费和其他相关的收入、社会各界的捐赠以及校企合作的相关投资，而这些相关经费投入的额度与社会经济发展水平相关。区域经济的发展对高等职业教育发展的影响还体现在能否为学生提供优质的教学环境和优质的师资力量等方面。

经济发展对高等职业教育提出了更高的要求。教育作为推动社会发展的工具，应该满足社会经济发展的要求。首先，高等职业教育相关专业的设置应适应区域经济发展要求；其次，高等职业教育的层次结构应与技术结构相匹配，这就要求高等职业教育应培养不同层次、不同类型、掌握不同技术的人才，以满足区域技术结构的发展要求。

2. 高等职业教育对区域经济的反作用

高等职业教育是使劳动力与社会经济发展相适应的重要途径。随着社会经济的发展，企业对劳动者的要求日益提高。人们为了提升个人能力而去学习，以满足社会发展需求。

高等职业教育是技术进步的重要途径。教育能够为生产技术的进步和生产技术水平的提高提供基础和保障。只有通过教育，才能培养出掌握科学技术和技能的综合人才。我国农村人口众多，要想提高劳动生产率，就必须提高高等职业教育的发展水平，从而提高我国国民的整体综合素质，提高劳动生产率，推动经济向前发展。

高等职业教育会影响经济管理水平。高等职业教育对经济管理水平的影响表现在：一方面可以提升管理层的管理水平；另一方面可以通过高等职业教育为企业输送优质的管理人才。高等职业教育的发展可以提高管理者的素质，管理者的素质提高了才能充分调动其主观能动性、创造性，从而推动经济发展。

我们定性分析了四川高等职业教育和经济增长的现状，并且剖析了高等职业教育与经济增长的相互关系。为了进一步了解高等职业教育与经济发展之间的关系，我们将采用统计分析方法对高等职业教育对经济增长的贡献率进行定量分析。

### （二）教育对经济增长贡献率的计算模型

1. 基本模型

随着社会经济的发展，舒尔茨等人提出的人力资本理论体系被越来越多的人接受。人力资本理论体系强调以人力资本为中心，强调人在经济发展中的主观能动性，论证了人在经济发展中的重要作用。人力资本理论认为，通过教育等方式可以提高人的综合能力，提高人的创造力，从而推动社会经济稳步发展。人力资本理论阐述了人力资本的概念，并在一定程度上对人力资本与经济发展之间的关系做了更加系统和全面的论证。劳动者的知识、技能、管理和创造能力，主要来源于教育。只有完善和优化现代社会的教育体系，才能形成高质量的人力资本，从而推动社会经济稳定快速增长。本书将基于 C-D 生产函数模型，引入人力资本理论以及丹尼森的因素分析法，通过统计研究的相关方法，论证高等职业教育对经济增长的贡献率。

C-D 生产函数模型是由数学家柯布（Cobb）和经济学家道格拉斯（Douglas）共同提出的。他们将资本和劳动力以及技术水平作为自变量，经济增长作为因变量，加入模型中来论证影响经济增长的因素，从而提出了 C-D 生产函数模型：

$$Y = AK^{\alpha}L^{\beta} \quad (1)$$

式中 $Y$ 表示国内生产总值经济增长量，$A$ 表示技术发展水平，$K$ 表示固定资本投入，$\alpha$ 表示资本的产出弹性系数，$L$ 表示劳动力投入，$\beta$ 表示劳动力产出弹性系数。其中，当 $\alpha + \beta > 1$ 时，边际规模报酬递增；当 $\alpha + \beta = 1$ 时，边际规模不变；当 $\alpha + \beta < 1$ 时，边际规模递减。

前文讲过，劳动者的知识、技能、管理和创造能力，来源于教育，教育对劳动力有促进作用，所以将 C-D 生产函数变形为如下形式：

$$Y = AK^{\alpha}\ (L * E)^{\beta} \tag{2}$$

对（2）式两边同时取对数得到：

$$\ln Y = \ln A + \alpha \ln K + \beta \ln L + \beta \ln E \tag{3}$$

接着对（3）式的时间因素求导数得到：

$$\frac{Y'}{Y} = \frac{A'}{A} + \alpha \frac{K'}{K} + \beta \frac{L'}{L} + \beta \frac{E'}{E} \tag{4}$$

用 $y$ 代替 $\frac{Y'}{Y}$，用 $a$ 代替 $\frac{A'}{A}$，用 $k$ 代替 $\frac{K'}{K}$，用 $l$ 代替 $\frac{L'}{L}$，用 $e$ 代替 $\frac{E'}{E}$，得到如下公式：

$$y = a + \alpha k + \beta l + \beta e \tag{5}$$

式中 $y$ 表示经济增长率，$a$ 表示技术进步增长率，$k$ 表示资本增长率，$l$ 表示劳动力增长率，$e$ 表示教育的增长率。

因此，可得教育对经济增长的贡献率为：

$$C_e = \beta e / y \tag{6}$$

高等职业教育对经济增长的贡献率是从上述公式推导后计算得到的教育贡献率中剥离出来的。教育体系包括小学教育、初中教育、高中教育、高职教育、本科教育、研究生教育。根据高等职业教育增长率在总的教育增长率中所占的比重 $p$，最后计算出职业教育对经济增长的贡献率。由此得到的计算公式为：

$$C_z = p\beta e / y \tag{7}$$

上述方法是计算高等职业教育对经济增长贡献率的基本算法。在国内很多学者采用上述算法计算高等职业教育对经济增长的贡献率，但是他们通常假定劳动力弹性 $\beta$ 和资本投入弹性 $\alpha$ 为常数，这与现实情况不相符。因为随着社会的发展、生产效率的提高、资本流动速度的加快、劳动力综合素质的提高，资本和人力资本的产出弹性是随着时间的变动而变动的。如果将资本和人力资本产出弹性考虑成一个固定常数，其分析得到的结果存在不合理性。时变弹性系数是根据弹性的时变性提出的，它旨在说明弹性随着时间变化而变化，不仅体现了理论体系的合理性，而且提高了估计的精确度。因此，我们引入了时变弹性系数的 C-D 生产函数模型。

2. 时变弹性系数

（1）时变弹性系数模型

C-D 生产函数模型是基于两个基本假定的条件提出的。其假定为：边际替代率保持不变，即当 $K/L$ 不变时，技术进步前后边际产出 $\frac{\partial Y}{\partial K}\Big/\frac{\partial Y}{\partial L}$ 也保持不变；技术进步与要素投入量之间无相关关系。

由于上述两个假设条件过于苛刻，现实中难以满足，因此，随着研究的深入，部分学者提出了时变弹性系数 C-D 生产函数模型。该模型的表达式如下：

$$Y = K^{\alpha(t)} L^{\beta(t)} \tag{8}$$

式中 $\alpha(t)$、$\beta(t)$ 表示的是以时间为因变量的光滑函数，但具体形式未知。

采用上述模型有以下优点：

第一，便于对影响因素进行解释。由于时变弹性系数的生产函数模型没有改变传统弹性估计模型的对数线性模型的特点，所估计出来的弹性系数依旧保持了其原本的性质，从而对解释没有任何影响。

第二，时变弹性系数模型中的弹性系数随着时间的变化而变化，因此该模型可以动态地解释生产要素弹性和教育对经济增长的贡献率。

第三，可以解释各个生产要素与技术进步之间的交互作用。

该模型不仅放宽了 C-D 生产函数模型的假设条件，而且可以解释生产要素与技术进步的交互作用，并且可以动态地解释职业教育对经济增长的贡献率。

因为 $\alpha(t)$、$\beta(t)$ 为光滑的时间函数，我们假设

$$\alpha(t) \approx \alpha_0 + \alpha_1 t \tag{9}$$

$$\beta(t) \approx \beta_0 + \beta_1 t \tag{10}$$

由公式（8）、（9）、（10）可以得到：

$$Y \approx A(t) K^{\alpha_0} L^{\beta_0} \tag{11}$$

其中 $A(t) = K^{\alpha_1 t} L^{\beta_1 t}$ 是随着时间的变化而变化的。

模型（1）将技术进步当成外生变量，是固定的、中性的，但是在社会经济的发展过程中，技术进步并不是外生的和中性的，它与各个生产因素之间存在交互的关系。模型（8）考虑非中性的技术进步，因而更加符合实际情况。本书将采用时变弹性系数 C-D 生产函数模型（8），采用四川的相关数据，运用非参数方法中的局部线性回归估计法，估计时变弹性系数，并利用似然比检验，验证弹性系数时变性的合理性，并在此基础之上估算高等职业教育对经济增长的贡献率。

（2）时变弹性系数估计

由上我们考虑如下的函数：

$$\ln Y = \alpha(t) \ln K + \beta(t) \ln(L * E) + u \tag{12}$$

式中 $Y$ 表示国内生产总值，$K$ 表示固定资本投资，$L$ 表示劳动力，$E$ 表示教育综合指数。由于非参数统计中的局部多项式具有许多优点，所以本书采用局部多项式估计法。

根据观测到的相关数据 $(Y_i,\ K_i,\ L_i,\ E_i)$ $(i=1,\ 2,\ \cdots,\ n)$ 估计弹性系数函数 $\alpha(t)$，$\beta(t)$。由于 $\alpha(t)$、$\beta(t)$ 是光滑的时间函数，我们假设其满足二阶连续可导，对于每一个 $t_0$，在 $t_0$ 附近点进行泰勒展开，取一阶近似可得：

$$\alpha(t) \approx \alpha(t_0) + \alpha'(t_0)(t - t_0) \equiv \alpha_0 + \alpha_1(t - t_0) \quad (13)$$

$$\beta(t) \approx \beta(t_0) + \beta'(t_0)(t - t_0) \equiv \beta_0 + \beta_1(t - t_0) \quad (14)$$

其中 $t$ 在 $t_0$ 的邻域内，从局部来说求解 $\alpha(t)$、$\beta(t)$ 的问题就等价于求解一阶近似回归的截距项 $\alpha_0$ 和 $\beta_0$。根据非参数方法，我们可以采用交叉验证的方法来选取最优窗宽。

交叉验证包括 Holdout 验证、K-fold cross-validation、留一验证。

Holdout 验证、K-fold cross-validation 适用于大样本，而留一验证法是适用于样本量小的验证方法。

留一验证法是指在固定窗宽的条件下，在所有的样本观测值中任意选择一组观测值，作为交叉验证的实验集，而其余的观测值则充当训练集。循环上述步骤。在所有结果中，选择使残差平方和最小的窗宽，作为最优窗宽，从而估计出最优窗宽。

根据公式（12）、（13）、（14），估计 $\alpha(t)$、$\beta(t)$ 的问题变成了局部最小二乘问题：求 $\alpha_0$，$\beta_0$，$\alpha_1$，$\beta_1$ 使得下面的式子达到最小。

$$\sum_{i=1}^{n} \{\ln Y_i - [\alpha_0 + \alpha_1(t - t_0)]\ln K_i - [\beta_0 + \beta_1(t - t_0)] \ln(L_i * E_i)\} W(\frac{t_i - t_0}{h}) \quad (15)$$

其中函数 $W(\ )$ 为非负的权重函数。记为

$Y_i * = \ln Y_i$，$K_i * = \ln K_i$，$L_i * = \ln(L_i * E_i)$，

$Y * = (Y_1^*, Y_2^*, \cdots, Y_n^*)^T$，$B = (\alpha_0, \beta_0, \alpha_1, \beta_1)^T$

$$Q = diag(W(\frac{t_1 - t_0}{h}), \cdots, W(\frac{t_n - t_0}{h}))$$

$$Z = \begin{pmatrix} K_1^* & L_1^* & (t_1 - t_0)K_1^* & (t_1 - t_0)L_1^* \\ \vdots & \vdots & \vdots & \vdots \\ K_n^* & L_n^* & (t_n - t_0)K_n^* & (t_n - t_0)L_n^* \end{pmatrix}$$

由上可以求得局部最小二乘的解为：

$$\hat{B}(t_0)=(Z^TQZ)^{-1}Z^TQY^* \quad (16)$$

所以，基于局部线性逼近的方法，资本产出弹性 $\alpha_0$ 和人力资本产出弹性 $\beta_0$ 的估计值分别为：

$$\hat{\alpha}(t_0)=\hat{\alpha}_0=(1,\ 0,\ 0,\ 0)\hat{B}(t_0)$$

$$\hat{\beta}(t_0)=\hat{\beta}_0=(0,\ 1,\ 0,\ 0)\hat{B}(t_0)$$

（3）弹性时变性检验

公式（8）中的模型假设是否成立，需要通过广义似然比的相关检验。若检验通过，则提出的假设有效；若没有通过检验，则提出的假设无效。

检验模型（8）中的弹性系数函数是否随着时间变化而变化的相关问题。根据该问题提出原假设：

$$H_0:\ \alpha(t)=\alpha,\ \beta(t)=\beta \quad (17)$$

其中 $\alpha$ 和 $\beta$ 为未知常数。广义似然比检验是范剑青老师发展起来的，用于检验非参数模型合理性的一种方法。记 $RSS_0$ 为 $H_0$ 假设下得到的残差平方和，$RSS_1$ 为备择假设 $H_1$ 所得到的残差平方和，因而得到广义似然比统计量为：

$$T_n=(n/2)\log(RSS_0/RSS_1) \quad (18)$$

文献证明了：在一些正则条件下，$r_wT_n$ 的分布近似服从自由度为 $u_n$ 的卡方分布。$u_n=r_wc_wp|\Omega|/h$，其中 $|\Omega|$ 为时间的长度，$p$ 为时变弹性函数的个数，$h$ 为窗宽。

$$r_w=\frac{W(0)-\int W^2(u)du/2}{\int(W(u)-W*W(u)/2)^2du},\ c_w=W(0)-\int W^2(u)du/2$$

对于有限样本来说，渐进分布不一定能给出一个好的近似，因此，可以采用非参数的条件自助法，或者扩大自由度的方法，即用自由度为 $u_n+2p$ 的卡方分布代替自由度为 $u_n$ 的卡方分布。

（4）人力资本存量的测算

人力资本存量包括人的健康、受教育的程度、所获得的知识以及其所掌握的技能等，其中教育对人力资本的形成起着重要的作用，因此我们用每年的劳动力人数乘以教育综合指数从而计算得到每年的人力资本存量。教育综合指数的估算有以下三种方法：教育指数法、教育投资法、教育年限法。

第一，教育指数法。该方法是将社会上的就业人员，按照其受教育程度的不同，分成不同的类别，然后对每一类别进行幂指数加权从而计算出教育综合指数。例如：$A^1E_1$，$A^2E_2$，…，$A^nE_n$，其中 $1\times y_1+1.17\times y_2+1.4\times y_3+1.98\times y_4+2.63\times y_5+4.33\times y_6$ 为每一类教育的加权权重。这种方法的优点是计算简单并且考虑了知识积累效应；缺点是加权权重的设置过于主观，客观性不足。

第二，教育投资法。该方法是根据每年国家对不同教育的投入不同来确定每种教育的权重，然后将不同就业人员的类别按照其权重进行加权，最终求得教育综合指数。这种方法的优点是计算简单同时考虑了知识积累效应；缺点是数据的可获性和有效性相对不足。

第三，教育年限法。该方法是将受教育的年限作为加权的权重，根据不同就业人员受教育的类别进行分类，并按照受教育的年限进行加权算出教育综合指数。该方法的优点是数据便于获得，并且数据的有效性能够保证；缺点是没法区分各个地区教育质量和教育效益的不同。

上述三种方法，由于第三种方法更加合理，所以本书采用第三种方法进行人力资本存量的计算。

按照教育年限法，我们首先要根据 1996—2013 年每年的受教育的分布情况和每年的就业人员受教育的权重，计算每年的平均受教育综合指数，然后将每年的劳动力人数与教育综合指数的乘积作为人力资本存量。具体步骤如下：

步骤一，确定四川就业人员受教育程度的构成百分比（见表 3-8）。

**表 3-8　1996—2013 年四川就业人员受教育程度构成的百分比**

| 时间 | 未上过小学 | 小学 | 初中 | 高中 | 高职高专 | 本科 | 研究生 |
|---|---|---|---|---|---|---|---|
| 1996 | 14.7 | 43.2 | 32 | 8.1 | 2 | / | / |
| 1997 | 14.3 | 42.6 | 31.6 | 9.1 | 2.5 | / | / |
| 1998 | 11.9 | 42.9 | 33.5 | 9 | 2.6 | / | / |
| 1999 | 13.4 | 43.4 | 33.5 | 7.5 | 2.2 | / | / |
| 2000 | 12.15 | 41.05 | 34.15 | 8.8 | 3.2 | 0.6 | 0.05 |
| 2001 | 10.9 | 38.7 | 34.8 | 10.1 | 4.2 | 1.2 | 0.1 |
| 2002 | 9.7 | 37.2 | 38.4 | 10.1 | 3.4 | 1.2 | 0.1 |
| 2003 | 8.1 | 37.1 | 39.8 | 10.4 | 3.3 | 1.3 |  |
| 2004 | 8.1 | 35.9 | 41.8 | 9.9 | 3.2 | 1.0 | 0.05 |
| 2005 | 13.1 | 42.1 | 33.8 | 6.8 | 2.8 | 1.3 | 0.10 |
| 2006 | 10.2 | 44.1 | 34.6 | 7.4 | 2.6 | 1.1 | 0.02 |
| 2007 | 8.1 | 41.8 | 38.1 | 7.8 | 2.6 | 1.4 | 0.07 |
| 2008 | 7.8 | 40.9 | 39.6 | 8.3 | 2.3 | 0.9 | 0.94 |
| 2009 | 7.2 | 39.2 | 39.3 | 8.8 | 3.4 | 1.9 | 0.16 |
| 2010 | 5.4 | 35.2 | 42.7 | 9.7 | 4.4 | 2.3 | 0.21 |
| 2011 | 2.5 | 26.7 | 48.3 | 13.7 | 5.5 | 3.2 | 0.20 |
| 2012 | 2.2 | 27.4 | 47.4 | 13.3 | 5.8 | 3.5 | 0.28 |
| 2013 | 1.9 | 26.6 | 46.7 | 14.1 | 6.4 | 3.9 | 0.35 |

数据来源：1997—2014 年《中国劳动统计年鉴》。由于 2000 年的数据缺失，我们进行了插值调整。

步骤二，推算每年的每个阶段的人均受教育年限。

由于未上过小学的就业人员属于初始的劳动力，所以其不能形成人力资本。小学受教育年限为六年，初中为三年，高中为三年，专科为三年，本科为四年，研究生为三年。因此，以1996年为例，计算小学阶段的人均受教育年限为：

$$\frac{(43.2+32+8.1+2+0+0)\times 6}{100}=5.118$$

步骤三，确定不同受教育程度的就业人员的加权权重。

由于受过不同教育的人群在社会中的产出有所不同，所以应该以受过不同教育的人群在社会中的产出来确定其权重，而确定产出最好的判断标准就是受不同教育的劳动力所获得的收入。岳昌君（2006）等人根据城市社会经济调查队的城镇住户调查的相关数据，算出了2004年受过小学教育、初中教育、高中教育、大专教育、本科教育、研究生教育的劳动力年人均收入分别为：8 744元、10 269元、12 204元、17 290元、22 995元、37 880元。根据以上数据我们可以换算成不同受教育程度的就业人员的教育权重为：1，1.17，1.4，1.98，2.63，4.33。

步骤四，估算人均受教育年限的综合教育指数。

$$E=1\times y_1+1.17\times y_2+1.4\times y_3+1.98\times y_4+2.63\times y_5+4.33\times y_6$$

式中 $y_1$ 为人均受小学教育年限，$y_2$ 为人均受初中教育年限，$y_3$ 为人均受高中教育年限，$y_4$ 为人均受大专教育年限，$y_5$ 为人均受本科教育年限，$y_6$ 为人均受研究生教育年限。

步骤五，计算人力资本存量。计算公式如下：

$$Le=L\times E$$

式中 $Le$ 为人力资本存量，$L$ 为劳动力就业人数，$E$ 为教育年限综合指数。

由上述方法我们得到了1996—2013年四川人力资本存量，如表3-9所示。

表 3-9　　1996—2013 年四川人力资本存量

| 时间 | 每年就业人员人数（万人） | 平均受教育年限综合指数 | 人力资本存量 |
|---|---|---|---|
| 1996 | 5 643 | 7.138 7 | 40 283.740 5 |
| 1997 | 5 688 | 7.300 0 | 41 522.513 7 |
| 1998 | 5 742 | 7.504 7 | 43 091.700 3 |
| 1999 | 5 763 | 7.250 4 | 41 784.055 2 |
| 2000 | 5 820 | 7.709 9 | 44 871.821 7 |
| 2001 | 5 881 | 8.169 5 | 48 044.653 1 |
| 2002 | 5 935 | 8.264 6 | 49 050.579 1 |
| 2003 | 5 985 | 8.400 3 | 50 275.556 1 |
| 2004 | 6 027 | 8.376 2 | 50 483.236 8 |
| 2005 | 6 058 | 7.573 5 | 45 880.366 0 |
| 2006 | 6 103 | 7.728 4 | 47 166.404 8 |
| 2007 | 6 152 | 8.076 9 | 49 688.867 3 |
| 2008 | 6 206 | 8.076 8 | 50 125.184 0 |
| 2009 | 6 260 | 8.483 9 | 53 109.414 3 |
| 2010 | 6 301 | 9.027 3 | 56 880.933 7 |
| 2011 | 6 343 | 10.004 2 | 63 456.323 5 |
| 2012 | 6 387 | 10.067 1 | 64 298.797 6 |
| 2013 | 6 439 | 10.314 | 66 412.155 5 |

注：就业人员人数来自 1997—2014 年《四川省统计年鉴》。

（5）求解时变弹性系数

本书中的 1996—2013 年四川的地区生产总值、固定资本投资以及测算人力资本存量所涉及的相关数据，来源于《四川省统计年鉴》《中国劳动统计年鉴》《中国人口与就业统计年鉴》。其中地区生产总值和固定资本投资以 1976 年为基期，单位为亿元，劳动力人口以万人为单位。我们采用的是时变弹性系数的 C

-D 生产函数模型。

我们采用局部线性估计的方法估计四川时变弹性系数的生产函数，还采用了非负的加权函数 $W(x)=\frac{1}{\sqrt{2\pi}}\exp(\frac{x^2}{2})$，即高斯核函数。

首先我们采用交叉验证法选取最优的窗宽。我们得到的最优窗宽为 3.03（见图 3-6）。

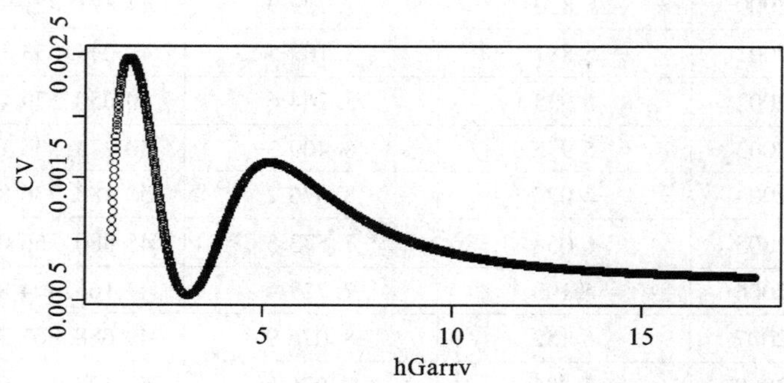


**图 3-6　交叉验证法选取最优窗宽**

然后我们根据最优窗宽去估计时变弹性系数。我们得到的时变弹性系数如表 3-10 所示。

**表 3-10　　最优窗宽的弹性系数估计**

| 时间 | 资本弹性 | 人力资本弹性 |
|---|---|---|
| 1996 | 0.378 7 | 0.513 3 |
| 1997 | 0.414 6 | 0.490 5 |
| 1998 | 0.445 8 | 0.470 4 |
| 1999 | 0.483 0 | 0.446 1 |
| 2000 | 0.548 5 | 0.402 6 |
| 2001 | 0.656 0 | 0.329 5 |

表3-10(续)

| 时间 | 资本弹性 | 人力资本弹性 |
|---|---|---|
| 2002 | 0.746 2 | 0.266 4 |
| 2003 | 0.742 3 | 0.268 1 |
| 2004 | 0.658 9 | 0.328 0 |
| 2005 | 0.535 7 | 0.421 1 |
| 2006 | 0.397 6 | 0.531 0 |
| 2007 | 0.262 6 | 0.644 3 |
| 2008 | 0.142 2 | 0.750 9 |
| 2009 | 0.039 1 | 0.847 1 |
| 2010 | −0.049 5 | 0.933 3 |
| 2011 | −0.126 5 | 1.010 9 |
| 2012 | −0.193 0 | 1.080 0 |
| 2013 | −0.249 5 | 1.140 7 |

由表 3-10 可以看出，估计得到的系数不符合实际数据的要求，因为我们根据公式计算教育的贡献率都是考虑的增量，不能存在负数，所以上述方法的估计存在问题。为了解决上述问题，我们加入了约束条件，即对弹性系数的估计值加入约束，约束人力资本的弹性系数和资本的弹性系数均大于零。

我们依然在最优窗宽条件下加入约束条件去估计时变弹性系数。加入约束后，估计得到的时变弹性系数如表 3-11 所示。

**表 3-11　　约束条件下最优窗宽的弹性系数估计**

| 时间 | 资本弹性 | 人力资本弹性 |
|---|---|---|
| 1996 | 0.363 3 | 0.522 0 |
| 1997 | 0.387 5 | 0.507 7 |
| 1998 | 0.419 7 | 0.487 8 |

表3-11(续)

| 时间 | 资本弹性 | 人力资本弹性 |
| --- | --- | --- |
| 1999 | 0.456 1 | 0.464 9 |
| 2000 | 0.490 7 | 0.442 8 |
| 2001 | 0.518 2 | 0.425 3 |
| 2002 | 0.536 1 | 0.414 3 |
| 2003 | 0.544 3 | 0.410 0 |
| 2004 | 0.544 7 | 0.411 4 |
| 2005 | 0.480 7 | 0.461 7 |
| 2006 | 0.379 7 | 0.543 7 |
| 2007 | 0.303 7 | 0.609 5 |
| 2008 | 0.261 7 | 0.650 4 |
| 2009 | 0.233 9 | 0.680 7 |
| 2010 | 0.209 6 | 0.708 8 |
| 2011 | 0.186 7 | 0.736 2 |
| 2012 | 0.164 8 | 0.763 2 |
| 2013 | 0.143 5 | 0.790 0 |

我们可以看见，加入约束条件后，系数的估计效果更加合理，但是其波动相对而言比较大。时间序列函数的波动不会很大。在假设（17）的条件下估计模型时得到的残差平方和为0.002 824，而采用局部线性线性估计的方法得到的残差为0.013 21，从而导致似然比检验不能通过，所以存在不合理性。

出现上述不合理性，可能是因为样本是有限的样本，并且是时间序列数据，理论上的最优窗宽可能不符合实际数据。为此，我们改变最优窗宽，通过循环检验发现，当窗宽为 15 时，得到的系数以及残差符合我们的要求，如表 3-12 所示。

表 3-12　　约束条件下窗宽为 15 的弹性系数估计

| 时间 | 资本弹性 | 人力资本弹性 |
| --- | --- | --- |
| 1996 | 0.512 6 | 0.422 3 |
| 1997 | 0.511 8 | 0.424 4 |
| 1998 | 0.507 7 | 0.428 7 |
| 1999 | 0.503 9 | 0.432 9 |
| 2000 | 0.500 4 | 0.437 2 |
| 2001 | 0.497 1 | 0.441 3 |
| 2002 | 0.494 1 | 0.445 5 |
| 2003 | 0.491 4 | 0.449 6 |
| 2004 | 0.489 0 | 0.453 6 |
| 2005 | 0.486 8 | 0.457 6 |
| 2006 | 0.484 9 | 0.461 5 |
| 2007 | 0.483 2 | 0.465 4 |
| 2008 | 0.481 8 | 0.469 2 |
| 2009 | 0.480 6 | 0.473 0 |
| 2010 | 0.479 7 | 0.476 7 |
| 2011 | 0.479 1 | 0.480 3 |
| 2012 | 0.478 7 | 0.483 9 |
| 2013 | 0.478 5 | 0.487 5 |

由上表可以看出，与前面的相关数据比较，约束条件下得到的数据更平稳，符合时间序列的要求，并且由局部线性估计方法得到的残差平方和为 0.001 322，而在假设（17）的条件下估计模型时得到的残差平方和为 0.002 824，由此可以算出广义统计量 $T_n = 6.831$，同时可以算出 $u_n = 1.571$，$r_w = 2.188$，对于显著性水平为 0.05、自由度为 6 的卡方分布的临界值为 12.59。由于 $r_w T_n$ 服从自由度为 $u_n + 2p$ 的卡方分布，$r_w T_n = 14.95 >$

12. 59，所以拒绝（17）的零假设，我们认为时变的弹性系数的估计是有效的。估计得到的时变弹性系数如表 3-13 所示。

**表 3-13　　　　产出弹性和规模边际**

| 时间 | 资本弹性 | 人力资本弹性 | 边际规模 |
|---|---|---|---|
| 1996 | 0. 512 6 | 0. 422 3 | 0. 934 9 |
| 1997 | 0. 511 8 | 0. 424 4 | 0. 936 2 |
| 1998 | 0. 507 7 | 0. 428 7 | 0. 936 4 |
| 1999 | 0. 503 9 | 0. 432 9 | 0. 936 8 |
| 2000 | 0. 500 4 | 0. 437 2 | 0. 937 6 |
| 2001 | 0. 497 1 | 0. 441 3 | 0. 938 5 |
| 2002 | 0. 494 1 | 0. 445 5 | 0. 939 6 |
| 2003 | 0. 491 4 | 0. 449 6 | 0. 941 0 |
| 2004 | 0. 489 0 | 0. 453 6 | 0. 942 6 |
| 2005 | 0. 486 8 | 0. 457 6 | 0. 944 4 |
| 2006 | 0. 484 9 | 0. 461 5 | 0. 946 4 |
| 2007 | 0. 483 2 | 0. 465 4 | 0. 948 6 |
| 2008 | 0. 481 8 | 0. 469 2 | 0. 951 0 |
| 2009 | 0. 480 6 | 0. 473 0 | 0. 953 6 |
| 2010 | 0. 479 7 | 0. 476 7 | 0. 956 4 |
| 2011 | 0. 479 1 | 0. 480 3 | 0. 959 4 |
| 2012 | 0. 478 7 | 0. 483 9 | 0. 962 6 |
| 2013 | 0. 478 5 | 0. 487 5 | 0. 965 9 |

由局部线性估计得到的结果显示，1996—2013 年间四川的资本弹性和人力资本弹性系数并不是常数，并且其边际规模也不是常数，而是随着时间的变化而变化的。资本弹性在 0. 512 6~0. 478 5 之间变化，人力资本弹性在 0. 422 3~0. 487 5 之间变化，边际规模在 0. 934 9~0. 965 9 之间变化。

由表 3-13 我们得到：资本弹性变化曲线，如图 3-7 所示；人力资本弹性变化曲线，如图 3-8 所示；边际规模变化曲线，如图 3-9 所示。

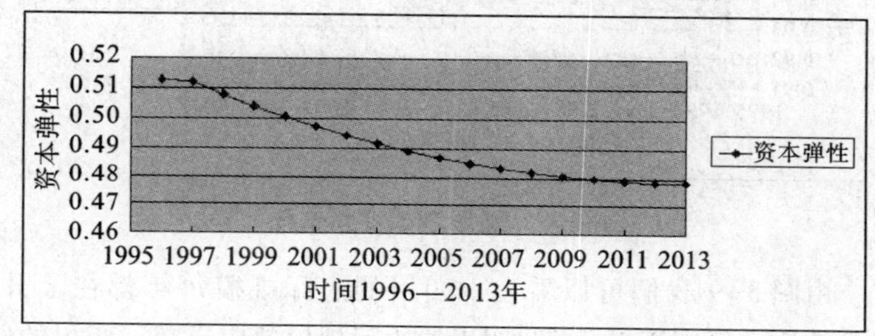


图 3-7　资本弹性变化曲线

由图 3-7 我们可以看出，四川的资本弹性的总体趋势是逐渐减少。

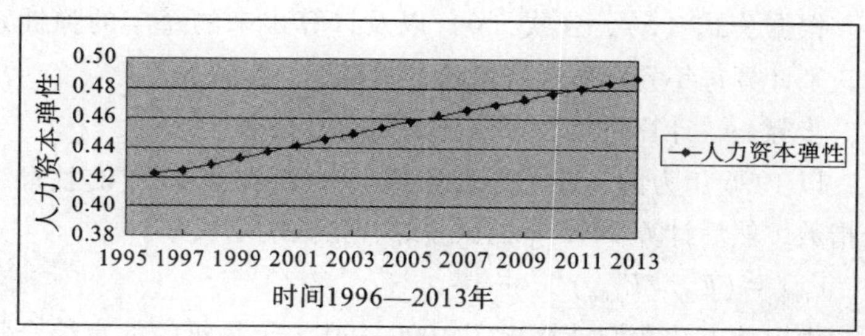


图 3-8　人力资本弹性变化曲线

由图 3-8 我们可以看出，四川的人力资本弹性的总体趋势是不断增加，尤其是在 1997 年之后人力资本弹性的增加幅度明显加大，这个与 1997—1998 年后的学校扩招有一定的关系，说明了人力资本弹性的估计与现实相符，存在一定的合理性。

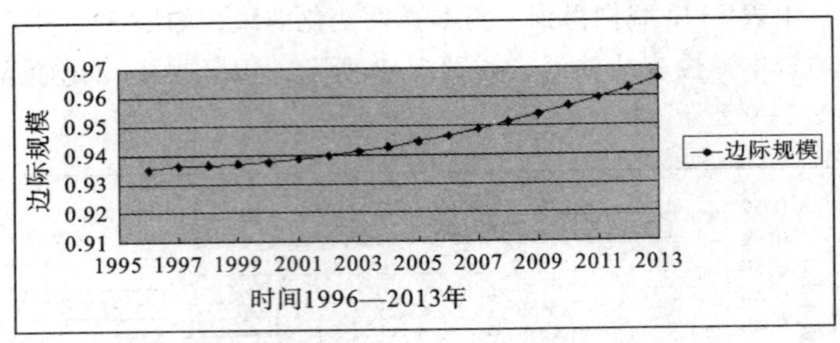


**图 3-9　边际规模变化曲线**

由图 3-9 我们可以看出，四川的边际规模每年都在上升，但是整体水平小于 1，说明四川的边际规模效应递减，四川的经济已经从高速发展阶段进入了相对平稳的稳定期。

### （三）教育对经济增长的贡献率

根据公式（5）、公式（6）以及计算出来的每年的弹性系数，来计算每年教育对经济增长的贡献率。步骤如下：

步骤一，计算每年教育综合指数的增长率。

以 1996 年为例，首先分别计算 1996 年和 2013 年的教育综合指数，然后计算 1996 年的教育综合指数的增长率。

$e_{1996} = (E_{2013}/E_{1996})^{1/17} - 1$

由上述方法我们计算出了 1996—2012 年每年的教育综合指数增长率，如表 3-14 所示。

**表 3-14　1996—2012 年每年的教育综合指数增长率**

| 时间 | 教育综合指数增长率 |
|---|---|
| 1996 | 0.021 9 |
| 1997 | 0.021 8 |
| 1998 | 0.021 4 |
| 1999 | 0.025 5 |

表3-14(续)

| 时间 | 教育综合指数增长率 |
|---|---|
| 2000 | 0.022 6 |
| 2001 | 0.019 6 |
| 2002 | 0.020 3 |
| 2003 | 0.020 7 |
| 2004 | 0.023 4 |
| 2005 | 0.039 4 |
| 2006 | 0.042 1 |
| 2007 | 0.041 6 |
| 2008 | 0.050 1 |
| 2009 | 0.050 1 |
| 2010 | 0.045 4 |
| 2011 | 0.015 4 |
| 2012 | 0.024 5 |
| 2013 | |

步骤二，计算四川地区生产总值每年的增长率。

以 1996 年为例，四川地区生产总值增长率计算公式如下：

$$y_{1996} = (GDP_{2013}/GDP_{1996})^{1/17} - 1$$

由上述公式可以得到 1996—2012 年四川地区生产总值增长率，如表 3-15 所示。

**表 3-15　1996—2012 年四川地区生产总值增长率**

| 时间 | 四川地区生产总值增长率 |
|---|---|
| 1996 | 0.128 8 |
| 1997 | 0.071 8 |
| 1998 | 0.050 4 |

表3-15(续)

| 时间 | 四川地区生产总值增长率 |
| --- | --- |
| 1999 | 0.076 5 |
| 2000 | 0.093 0 |
| 2001 | 0.100 5 |
| 2002 | 0.128 7 |
| 2003 | 0.196 2 |
| 2004 | 0.157 6 |
| 2005 | 0.176 7 |
| 2006 | 0.215 4 |
| 2007 | 0.193 0 |
| 2008 | 0.123 0 |
| 2009 | 0.214 4 |
| 2010 | 0.223 5 |
| 2011 | 0.135 4 |
| 2012 | 0.100 0 |

步骤三，计算教育对经济增长的贡献率。

由公式（6）计算出每年的教育对经济增长的贡献率，如表3-16所示。

**表3-16　　教育对经济增长的贡献率**

| 时间 | 人力资本弹性 | GDP增长率 | 教育增长率 | 教育对经济增长的贡献率 |
| --- | --- | --- | --- | --- |
| 1996 | 0.422 3 | 0.128 8 | 0.021 9 | 0.071 7 |
| 1997 | 0.424 4 | 0.071 8 | 0.021 8 | 0.129 1 |
| 1998 | 0.428 7 | 0.050 4 | 0.021 4 | 0.182 3 |
| 1999 | 0.432 9 | 0.076 5 | 0.025 5 | 0.144 3 |
| 2000 | 0.437 2 | 0.093 0 | 0.022 6 | 0.106 4 |

表3-16(续)

| 时间 | 人力资本弹性 | GDP增长率 | 教育增长率 | 教育对经济增长的贡献率 |
|---|---|---|---|---|
| 2001 | 0.441 3 | 0.100 5 | 0.019 6 | 0.086 1 |
| 2002 | 0.445 5 | 0.128 7 | 0.020 3 | 0.070 4 |
| 2003 | 0.449 6 | 0.196 2 | 0.020 7 | 0.047 5 |
| 2004 | 0.453 6 | 0.157 6 | 0.023 4 | 0.067 3 |
| 2005 | 0.457 6 | 0.176 7 | 0.039 4 | 0.101 9 |
| 2006 | 0.461 5 | 0.215 4 | 0.042 1 | 0.090 1 |
| 2007 | 0.465 4 | 0.193 0 | 0.041 6 | 0.100 3 |
| 2008 | 0.469 2 | 0.123 0 | 0.050 1 | 0.191 2 |
| 2009 | 0.473 0 | 0.214 4 | 0.050 1 | 0.110 4 |
| 2010 | 0.476 7 | 0.223 5 | 0.045 4 | 0.096 9 |
| 2011 | 0.480 3 | 0.135 4 | 0.015 4 | 0.054 5 |
| 2012 | 0.483 9 | 0.100 0 | 0.024 5 | 0.118 7 |
| 2013 | 0.487 5 | | | |

由上述数据可以画出 1996—2012 年四川教育对经济增长的贡献率的曲线图，如图 3-10 所示。

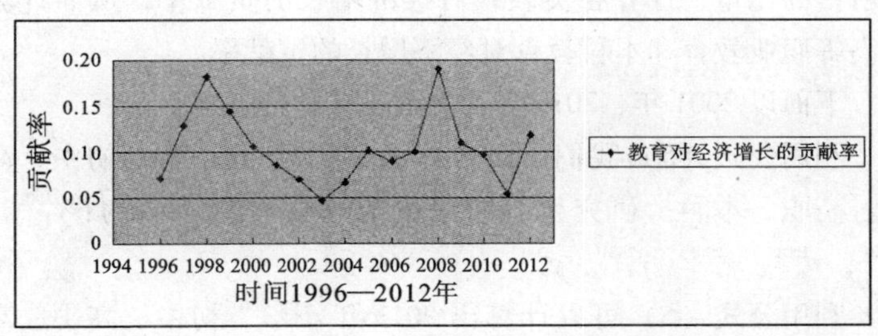


图 3-10　教育对经济增长的贡献率曲线图

由图 3-10 可以看出，四川教育对经济增长的贡献率是波动的，贡献率在 0.05～0.20 之间变化。具体表现为：1996—1998 年教育对经济增长的贡献率在上升；1998—2003 年教育对经济增长的贡献率在下降；2003—2008 年教育对经济增长的贡献率在波动上升；2008—2011 年，教育对经济增长的贡献率在逐年下降；2011—2012 年教育对经济增长的贡献率再次上升。

### （四）高等职业教育对经济增长的贡献率

随着社会的发展，教育在经济建设中的作用日益凸显。高等职业教育作为教育的一个重要组成部分，其作用不容忽视。我国人口众多，就业压力较大，应该加大教育发展的规模和力度，完善教育体系，提升国民综合素质，完善后续发展机制，从而推动经济的发展。

上述相关分析方法算出了教育对经济增长的贡献率，如果想要测算高等职业教育对经济增长的贡献率，可以通过高等职业教育在教育中所占的比重来测算。

首先计算每年各类教育增长率的指数，然后将每年受不同教育的就业人员的收入作为加权的权重，再将每年各类教育增长率的指数乘以权重后相加，在总和的值的基础之上乘以一个公约数，使得总和为 100%，再根据各类教育增长率的指数在其中所占的比重，计算各类教育对经济增长的贡献率，从而计算出高等职业教育和本科教育对经济增长的贡献率。

下面以 2001 年、2013 年为例说明计算的过程。

利用公式（5）我们可以计算出 2001 年的小学、初中、高中、高职、本科、研究生等阶段的人均受教育年限为：$y_1^{2001}$，$y_2^{2001}$，$y_3^{2001}$，$y_4^{2001}$，$y_5^{2001}$，$y_6^{2001}$。

利用公式（5）可以计算出 2013 年小学、初中、高中、高职、本科、研究生等阶段的人均受教育年限为：$y_1^{2013}$，$y_2^{2013}$，

$y_3^{2013}$，$y_4^{2013}$，$y_5^{2013}$，$y_6^{2013}$。

然后算出 2001 年人均受教育年限的增长率为：

$$c_i^{2001} = (y_i^{2013}/y_i^{2001})^{1/12} - 1 \quad (i = 1\cdots6)$$

式中 $c_i^{2001}$ 表示 2001 年各个阶段人均受教育年限增长率。

用每年受各类教育年限的增长率乘以各类教育的权重，如小学、初中、高中、高职、本科、研究生的权重分别为 1∶1.17∶1.4∶1.98∶2.63∶4.33，然后计算公约数 $a$。公式如下：

$$a \times (c_1^{2001} \times 1 + c_2^{2001} \times 1.17 + c_3^{2001} \times 1.4 + c_4^{2001} \times 1.98 + c_5^{2001} \times 2.63 + c_6^{2001} \times 4.33) = 1$$

由此求出公约数 $a$。

公式中的 $p_1^{2001} = a \times (c_1^{2001} \times 1)/100\%$。通过类似的方法可以计算每年各类教育的 $p$ 值。

由上述方法，我们可以计算出每年各类教育增长综合指数，如表 3-17 所示。

表 3-17　　每年各类教育增长综合指数

| 时间 | 小学 | 初中 | 高中 | 高职 | 本科 | 研究生 |
|---|---|---|---|---|---|---|
| 1996 | 0.008 3 | 0.037 0 | 0.076 0 | 0.140 7 | 0 | 0 |
| 1997 | 0.008 4 | 0.037 4 | 0.068 1 | 0.120 3 | 0 | 0 |
| 1998 | 0.007 3 | 0.036 5 | 0.072 8 | 0.123 1 | 0 | 0 |
| 1999 | 0.009 0 | 0.042 9 | 0.097 1 | 0.157 5 | 0 | 0 |
| 2000 | 0.008 5 | 0.038 8 | 0.074 5 | 0.109 0 | 0.409 5 | 0.698 7 |
| 2001 | 0.008 1 | 0.034 6 | 0.055 2 | 0.071 4 | 0.273 7 | 0.476 0 |
| 2002 | 0.007 5 | 0.031 9 | 0.067 3 | 0.117 9 | 0.300 0 | 0.521 8 |
| 2003 | 0.006 6 | 0.031 6 | 0.072 2 | 0.136 4 | 0.331 8 | 0 |
| 2004 | 0.007 3 | 0.032 3 | 0.090 1 | 0.159 4 | 0.443 2 | 1.044 5 |
| 2005 | 0.015 3 | 0.070 5 | 0.149 7 | 0.212 4 | 0.401 3 | 0.760 0 |
| 2006 | 0.012 7 | 0.077 5 | 0.170 8 | 0.270 2 | 0.564 8 | 2.074 4 |

表3-17(续)

| 时间 | 小学 | 初中 | 高中 | 高职 | 本科 | 研究生 |
|---|---|---|---|---|---|---|
| 2007 | 0.011 2 | 0.072 0 | 0.183 0 | 0.322 2 | 0.510 9 | 1.331 2 |
| 2008 | 0.012 5 | 0.080 5 | 0.229 0 | 0.458 2 | 0.857 0 | 1.295 8 |
| 2009 | 0.014 1 | 0.087 7 | 0.207 9 | 0.341 4 | 0.524 7 | 0.934 5 |
| 2010 | 0.012 2 | 0.074 4 | 0.195 8 | 0.258 2 | 0.487 0 | 0.782 6 |
| 2011 | 0.002 6 | 0.005 0 | 0.066 8 | 0.159 9 | 0.315 5 | 1.395 0 |
| 2012 | 0.004 4 | 0.020 5 | 0.118 1 | 0.213 0 | 0.337 3 | 1.076 7 |

然后算出每年的公约数以及高职和本科所占比重，如表 3-18 所示。

**表 3-18　　　　公约数和高职与本科所占比重**

| 时间 | 每年公约数 | 高职所占比重 | 本科所占比重 |
|---|---|---|---|
| 1996 | 3.817 1 | 0.537 0 | 0 |
| 1997 | 4.268 4 | 0.513 5 | 0 |
| 1998 | 4.172 9 | 0.513 6 | 0 |
| 1999 | 3.263 0 | 0.513 9 | 0 |
| 2000 | 0.746 8 | 0.081 4 | 0.305 8 |
| 2001 | 1.088 2 | 0.077 7 | 0.297 8 |
| 2002 | 0.955 7 | 0.112 7 | 0.286 7 |
| 2003 | 1.728 6 | 0.235 7 | 0.573 5 |
| 2004 | 0.562 8 | 0.089 7 | 0.249 4 |
| 2005 | 0.621 5 | 0.132 0 | 0.249 4 |
| 2006 | 0.315 4 | 0.085 2 | 0.178 2 |
| 2007 | 0.411 4 | 0.132 6 | 0.210 2 |
| 2008 | 0.340 9 | 0.156 2 | 0.292 2 |
| 2009 | 0.473 9 | 0.161 8 | 0.248 7 |

表3-18(续)

| 时间 | 每年公约数 | 高职所占比重 | 本科所占比重 |
|---|---|---|---|
| 2010 | 0. 552 4 | 0. 142 6 | 0. 269 0 |
| 2011 | 0. 514 2 | 0. 082 2 | 0. 162 2 |
| 2012 | 0. 565 0 | 0. 120 4 | 0. 190 6 |

算出高等职业教育和本科教育在教育中所占的比重后，我们可以从教育对经济增长的贡献率中剥离出每年高等职业教育和本科教育对经济增长的贡献率，如表 3-19 所示。

**表 3-19　高等职业教育和本科教育对经济增长的贡献率**

| 时间 | 教育对经济增长的贡献率 | 高职教育对经济增长的贡献率 | 本科教育对经济增长的贡献率 |
|---|---|---|---|
| 1996 | 0. 071 7 | 0. 038 5 | 0 |
| 1997 | 0. 129 1 | 0. 066 3 | 0 |
| 1998 | 0. 182 3 | 0. 093 6 | 0 |
| 1999 | 0. 144 3 | 0. 074 2 | 0 |
| 2000 | 0. 106 4 | 0. 008 7 | 0. 032 5 |
| 2001 | 0. 086 1 | 0. 006 7 | 0. 025 7 |
| 2002 | 0. 070 4 | 0. 007 9 | 0. 020 2 |
| 2003 | 0. 047 5 | 0. 011 2 | 0. 027 2 |
| 2004 | 0. 067 3 | 0. 006 0 | 0. 016 8 |
| 2005 | 0. 101 9 | 0. 013 5 | 0. 025 4 |
| 2006 | 0. 090 1 | 0. 007 7 | 0. 016 1 |
| 2007 | 0. 100 3 | 0. 013 3 | 0. 021 1 |
| 2008 | 0. 191 2 | 0. 029 9 | 0. 055 9 |
| 2009 | 0. 110 4 | 0. 017 9 | 0. 027 5 |
| 2010 | 0. 096 9 | 0. 013 8 | 0. 026 1 |
| 2011 | 0. 054 5 | 0. 004 5 | 0. 008 8 |
| 2012 | 0. 118 7 | 0. 014 3 | 0. 022 6 |

根据上述数据，我们可以画出高等职业教育与本科教育对经济增长的贡献率曲线图，如图 3-11 所示。

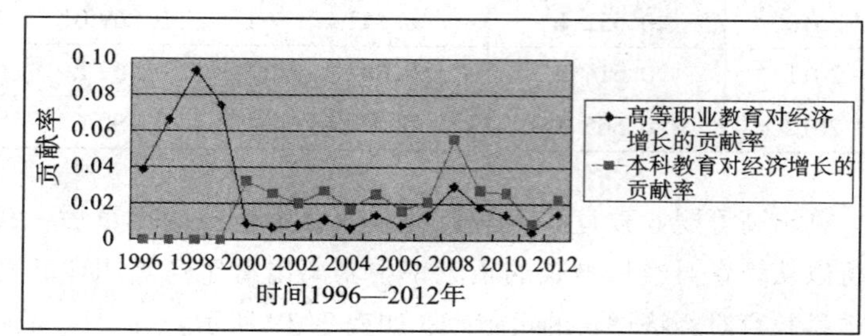


**图 3-11　高等职业教育与本科教育对经济增长的贡献率曲线图**

由图 3-11 可以看出：

第一，1996—2012 年，四川高等职业教育对经济增长的贡献率在 0.038 5～0.014 3 之间波动。

第二，2000 年—2012 年，四川本科教育与高等职业教育对经济增长的贡献率协同变化。

第三，1996—2012 年，四川高等职业教育的贡献率先增后减。

第四，2000—2012 年，四川本科教育的贡献率高于高等职业教育的贡献率。

### （五）研究结论

研究发现，时变弹性系数的 C-D 生产函数模型比普通的 C-D 生产函数模型更加符合实际情形。采用时变的 C-D 生产函数模型，计算得到了时变的资本产出弹性系数、人力资本产出弹性系数、边际规模系数。人力资本弹性在逐年增加，而资本弹性则逐年减小，边际规模在 1996—2013 年间处于小于 1 的状态，这说明四川的经济发展处于经济周期的平稳阶段。

通过求解得到时变弹性系数的基础上，我们计算得到了四川 1996—2012 年教育对经济增长的贡献率，然后又计算得到了四川高等职业教育对经济增长的贡献率。

四川面临着经济转型，而经济转型需要大量的高素质技能型人才。高等职业教育是培养高素质技能型人才的重要途径。因此，四川应高度重视高等职业教育的发展，为高等职业教育的发展制定相应的政策。由分析结果可知，四川高等职业教育对经济增长的贡献率存在波动，这说明四川高等职业教育发展还存在不足。

# 第四章　四川高等职业教育发展困境、原因及路径探索

## 一、高等职业教育在促进四川经济社会发展中存在的问题

从上文的分析可知，高职教育对四川经济增长的贡献率还有很大的上升空间，这也反映了四川高职教育自身发展中存在一些不足，也面临着新的挑战。

### （一）贡献的路径有偏差

截至2012年9月，四川高职高专在校生人数近36万，校均学生人数达到7 000人，学生人数规模超过全国平均数（全国校均5 000人），并呈持续上升趋势。但是其短板也很明显，在这样的校均学生人数下，四川高校的办学基本条件在全国排名靠后，生均用房、生均设备值、生均图书均排在全国28名以后。有20个学校在2013年遭遇教育部的招生“黄牌”警告。

1. 院校数量的偏差

从纵向看，四川高职院校的增长幅度基本适应了经济社会发展所需。但从横向比较看，全国范围内具有普通高等学历教

育招生资格的高职院校数量达到1 276所，平均每千万人口约有9.3所高职院校；四川平均每千万人口约有6.9所高职院校，显然院校数低于全国平均水平（见图4-1）。

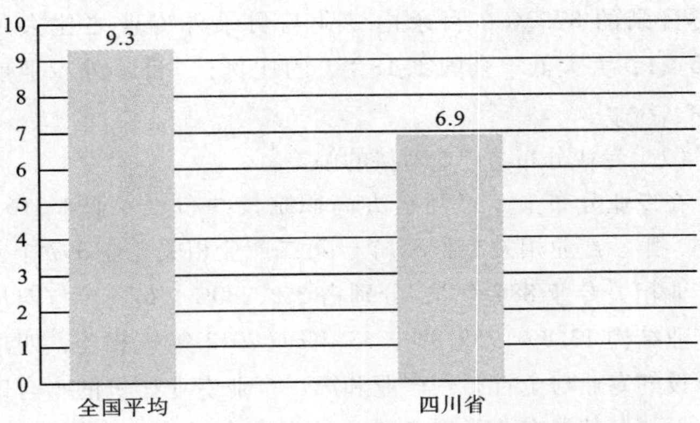


**图4-1　全国每千万人口高职院校数与四川每千万人口高职院校数比较图**

在绝对数上，四川高职（高专）院校数量与广东、河南、山东、江苏等人口大省相比存在较大的差距，广东、山东和江苏的高职院校数均达80所以上，而四川仅有58所（见图4-2）。

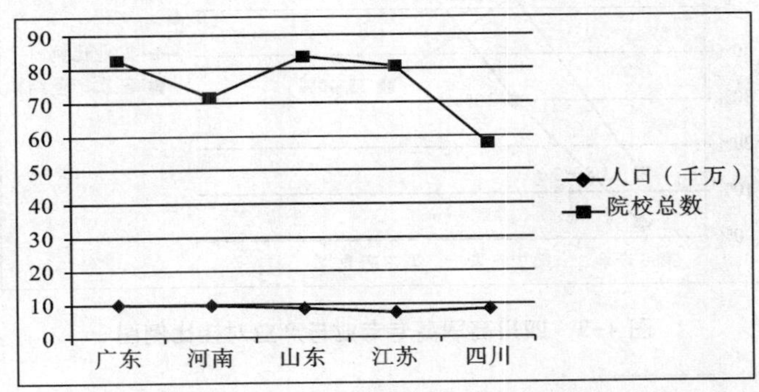


**图4-2　四川与其他省高职高专院校数及人口数对比图**

2. 专业设置的偏差

（1）专业数量与产业对接的偏差

四川高职高专院校开设有 68 个专业类，占教育部公布专业类目录的 87.2%；目录内专业与目录外专业之比大致为 6.25∶1，大大低于全国 1.18∶1 的比例，[①] 目录外专业明显偏少。

（2）专业分布与产业对接的偏差

在专业分布上，37 所公办高职院校共布点专业 1 316 个，其中，第一产业相关专业 35 个，第二产业相关专业 397 个，第三产业相关专业 884 个[②]，分别占 3%，30%，67%。与四川三次产业结构 13.8%，52.8%，33.4%（2012 年）相比，四川高职开设的专业与全省第一产业和第二产业专业比例的吻合度相对偏低，尤其是农业类专业偏少。专业布局更多在第三产业。如图 4-3 所示。

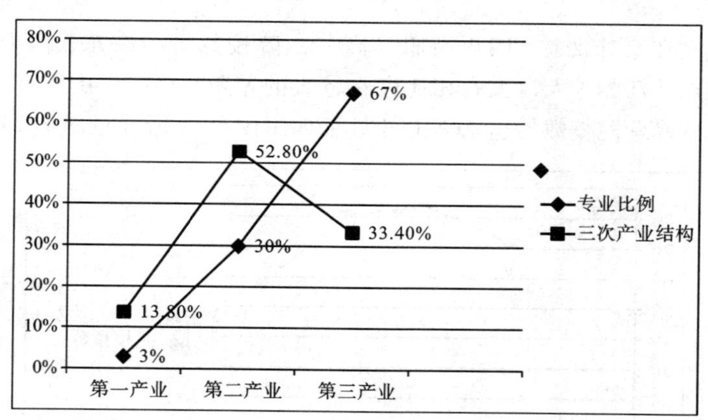


**图 4-3　四川高职高专专业与产业对接比例图**

① 数据来源于四川省教育厅高教处。

② 数据来源于四川省教育厅高教处。

国家发改委2010年公布的七大新兴产业是节能环保产业、新能源产业、新兴信息产业、生物产业、高端装备制造业、新材料产业、新能源汽车产业。四川高职院校开设的专业中仅有极少数的专业涉及七大新兴产业，还有空白领域没有涉足，而且涉及新兴产业的专业在校生人数偏少（见图4-4）。高职院校的专业设置敏感度不够，对新兴产业研究和对接的能力较差，其贡献率相对也偏低。

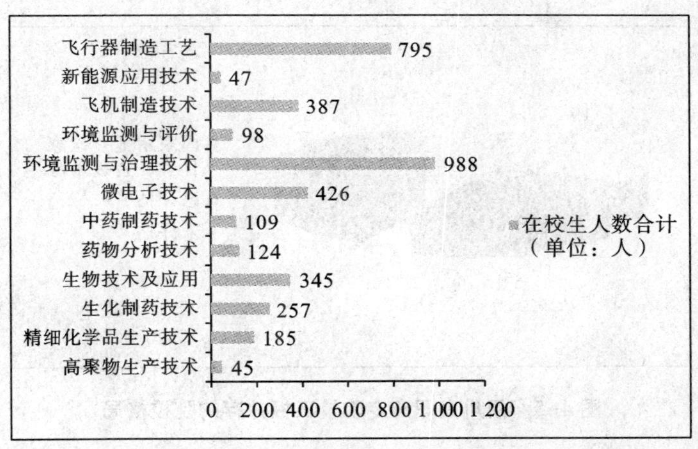


图4-4 四川高职高专部分新兴产业在校生人数统计图

## （二）贡献的覆盖率有待均衡

1. 院校分布的不平衡

四川半数的高职院校集中于人口最多的省会成都市；其次集中于德阳市（4所）和绵阳市（5所）；攀枝花、南充、宜宾、达州，人口数量均在400万以上，但都仅有1所高职院校；拥有450万人口的凉山州，是一个依托水电、矿产、烟叶等工业发展的地域，却没有设立高职院校。可以看出，高职院校的布局与地域人口密度不匹配，不能满足民生和经济发展对高等职业教育的需求。

2. 院校品质的不平衡

通过评估和示范建设这两个推手，四川高职高专院校在办学条件、综合实力以及社会影响等方面大致形成了三极并存的院校格局：一是25所国家示范、国家骨干和省级示范院校；二是除此之外已接受评估的14所高职高专院校；三是19所还未接受评估的高职高专院校。如图4-5所示。

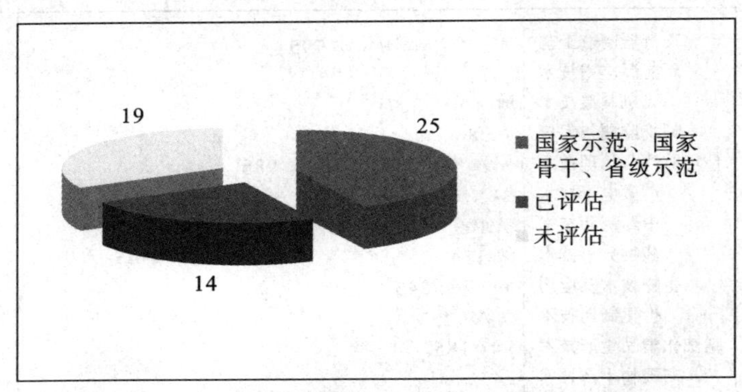


**图4-5　四川高职高专院校三极并存的院校格局**

3. 专业设置的不平衡

四川高职高专的专业布局对接新兴产业能力明显不足，而对接传统产业的专业如计算机、旅游等专业又出现结构性过剩；专业设置盲目、同质同构现象比较严重，一些投入成本低、针对性不强的专业几乎每所学校都有；在办学实力上，四川高职高专院校的综合实力差距较大，还需要优势院校发挥带动作用，带动全省高职教育实力的整体提升。

经统计，开设最多的专业依次是物流管理、旅游管理、计算机应用技术、软件测试、工程造价等，均有20所以上的院校开设了这些专业（如图4-6所示）。

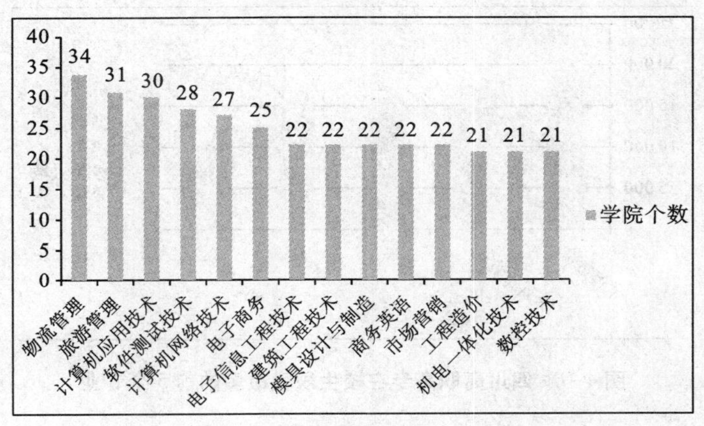


**图 4-6　20 所以上院校同时开设的专业**

工程造价专业是全省在校生人数合计最多的专业（如图 4-7 所示）。全省 21 个院校开设了该专业，在校生总数达 20 659 人，平均每个院校有近千名该专业的学生；其中，3 所高职院校工程造价专业的在校生人数超过 2 000 人。这种专业设置上的同质化现象，导致人才过剩，一些毕业生不得不转行从事与所学专业无关的工作。据不完全统计，其中有些专业的对口率不到 50%，毕业生离职现象也较为严重，高的达到 60%~70%。一些院校在专业设置上更多地以学校发展、生源需求为主导，以眼下的需求为主导，而不是以产业、市场需求为主导，这是需要我们正视和面对的问题。

此外，在专业设置上，部分专业规模异常小。以特殊教育专业为例，全省在校生人数仅为 9 人（新开专业）；家政服务专业仅有 12 名在校生。这样的专业有市场需求，但是就业岗位缺乏吸引力，毕业生难以获得应有的社会地位和经济待遇，导致

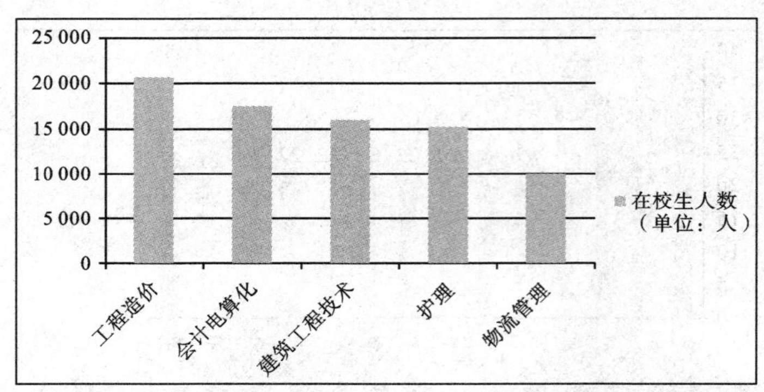


**图 4-7　四川高职高专在校生规模最多的前 5 个专业**

这些专业举步维艰，难以为继（见图 4-8）。所以，专业的设置与开发如何考虑学校发展、师资优势、资源优势、产业需求、市场调节、学生意愿等诸多因素，拿捏好其中的分寸和权重，不仅是一门科学，更是一门艺术。

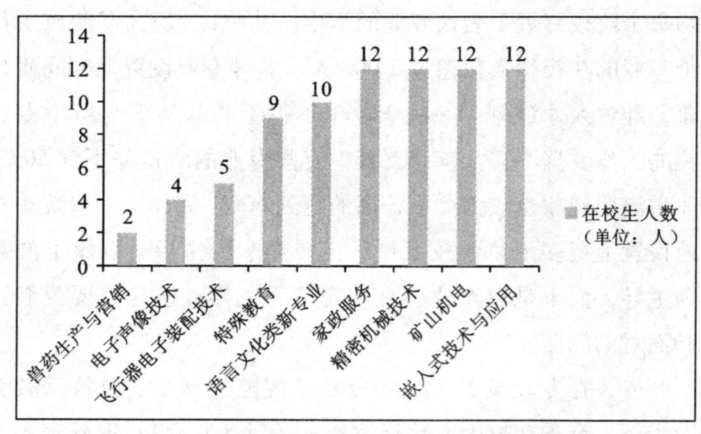


**图 4-8　四川高职高专在校生规模最少的 10 个专业**

### （三）贡献率的绝对值有待提升

四川乃至整个中国正处于社会转型的关键时期，从解决温饱的基本生存型社会开始向更高的物质和文化需要转变，城镇化水平已达到 46.6%。作为全球最大的新型经济体的中国，在后金融危机时代，粗放式经济增长方式已难以为继。以产业结构调整和升级为主导的发展方式的转变，让与经济发展关系最为直接和紧密的职业教育，在如何应对形势的变化、调整自身发展方式上面临新的难题。这些难题的解决既是高职教育生存的基础，又是高职教育发展的方向。提高四川高职教育仅 0.03%的对四川经济社会发展的贡献率是我们当前最为紧要的任务。

此外，从职业教育发展阶段看，职业教育发展已经进入建立中国特色的职业教育模式、构建现代职业教育体系的历史时期。高等职业教育作为一种独立的教育类型，它具有独特性、创新性和不可替代性，同时也面临着新的任务和新的挑战。建设现代职业教育体系要求职业教育既适应经济发展，又促进学生全面发展，还要实现中等和高等职业教育协调发展。这也是提升高职教育对整个经济社会贡献率的需要。

因此，进一步优化院校布局，找准高职院校在区域发展中的定位，充分发挥其了解区域发展需求、学生区域认同感强等优势，专业对接产业，更多更好地培养区域发展急需的“下得去、留得住、用得好”的高技能人才；为区域产业转型升级提供技术与咨询服务，积极开展职工技能培训，搭建终身学习平台，满足学习者的多样化要求。这是实现提高高职教育对经济社会发展贡献率的重要突破口。

## 二、高等职业教育促进四川经济社会发展问题的原因分析

我国教育尤其是职业教育对经济增长的贡献率偏低，四川更是低于全国水平。主要原因如下：

### （一）四川经济增长在相当程度上仍然是依靠规模扩张拉动

相对于每年扩增的庞大劳动力群体，现有教育规模难以大幅度提高从业人员的人均受教育指数。2001—2011 年，四川从业人员受教育指数年均仅提高 0.97%。

### （二）从业人员受教育程度偏低

2001—2011 年，我国从业人员受教育程度虽然有所提高，但文盲、半文盲、小学和初中教育程度从业人员所占比重仍然很大，四川甚至达到 83.5%以上，而中职和普高及以上受教育程度的从业人员所占比重还不到 20%，受高职教育的从业人员仅为 4%左右，从而导致教育对经济增长的贡献率偏低。

### （三）教育对经济增长的贡献具有滞后性

教育经费从投入到产生经济效益有 4~5 年左右的滞后时间。2001—2011 年，我国教育投入虽然逐年增长，但教育经费投入占国内生产总值的比重始终低于 4%，不仅远低于发达国家，甚至低于许多发展中国家。

2001 年以来，四川从业人员受教育程度明显提高。文盲和半文盲占从业人员的比重从 2001 年的 10.9%降低到 2011 年的

5.4%。高职及以上受教育程度从业人员的比重有所提高，本科和研究生都提高100%以上，而高职程度从业人员的比重由2001年的4.2%提高到2011年的4.4%，提高幅度有限。四川高等教育规模快速扩张，但办学层次和结构的多元化不明显。2001—2011年，四川教育综合指数年均增长率为0.97%，远远低于四川经济的发展速度。

根据人力资本理论，一个国家或地区的经济发展及相应的人均国内生产总值与人力资本水平有密切的关系。借用人力资本理论，可以认为就业人口中大专及以上文化程度的从业者占比越高，则越有利于经济发展。而四川高等教育占整个教育综合指数年均增长率的比重仅为6.81%，高职所占比重就更低。这说明在从业人员中，接受高等教育人员的比重比较小，在一定程度上制约了四川经济的发展。四川高职教育对经济增长的贡献率为0.03%，与全国的平均水平0.101%相比有相当大的差距，这说明四川的经济发展仍主要以粗放型为主，科技含量低、消耗高、成本高、经济效率低。

## 三、提升四川高等职业教育对经济社会贡献的对策探究

在国民经济技术结构层次较低、经济增长主要依靠投资规模的外延式扩大的阶段，教育对经济增长的贡献都不会很大。只有在技术结构层次较高的阶段，在经济增长真正转到了依靠科技进步和提高劳动者素质的轨道上以后，教育的地位才会更加突出，教育对经济增长的贡献才会在整个教育发展对经济增长的贡献中占有更大的份额。

第一，应充分认识到人力资本水平对改善地区经济状况的

作用。要通过大力发展教育事业、加快科技与高等教育改革的步伐，使本地区的人力资本水平得以提升。在积极发展高等教育的过程中，应放开高等教育市场，大力发展普通高等教育和高职教育。

第二，建立多元投资、多层次协调的教育和培训体系，增加人口受教育的机会和提高专业技能的机会，打破国有部门垄断高等教育市场的局面，发展多元化的高等教育模式，加强对教育质量的监督，尽可能吸收民间资本和国外资本来加速高等教育的发展。

第三，建立能够充分体现知识价值和受教育价值的收入分配制度，形成以知识拥有量和受教育程度为基础的收入落差，激励人们接受更多的教育，从而促进人力资源的快速积累，提高教育占年均综合教育指数中的增长率及对地区经济增长的贡献率。

# 主要参考文献

[1] [6] [12] [22] 简寒梅. 促进区域经济发展的高等职业教育对策研究——以永州市为例 [D]. 南昌：江西农业大学，2012.

[2] 陈至立. 振奋精神 开拓进取 大力推进职业教育改革与发展 [J]. 人民教育，2002 (10)：6-11.

[3] 中共中央马克思恩格斯列宁斯大林著作编译局. 马克思恩格斯选集：第 3 卷 [M]. 北京：人民出版社，1972：425.

[4] 王朔. 县域基础教育均衡发展的社会制约性研究——基于渝东南 X 县的考察 [D]. 重庆：西南大学，2013.

[5] 马克思. 资本论：第 1 卷 [M]. 中共中央马克思恩格斯列宁斯大林著作编译局，译. 北京：人民出版社，2004：200.

[7] 朱勇. 新增长理论 [M]. 北京：商务印书馆，1999：7-8.

[8] [21] [28] 蒋义. 我国职业教育对经济增长和产业发展贡献研究 [D]. 北京：财政部财政科学研究所，2010.

[9] 王守法. 高等教育对经济发展的贡献研究 [D]. 长沙：湖南大学，2005.

[10] 西奥多 · W.舒尔茨. 教育的经济价值 [M]. 曹延亭，译. 长春：吉林人民出版社，1982：130.

[11] 许海燕. 湖北省高等职业教育与地方经济发展的协调性研究 [D]. 武汉：华中农业大学，2012.

[13] 董晓花，王欣，陈利. 柯布-道格拉斯生产函数理论研究综述 [J]. 生产力研究，2008 (3)：148-150.

[14] 郑璋鑫. 从索洛增长模型看中西部地区经济增长的源泉——基于江苏、广西两省区的比较分析 [J]. 南京财经大学学报，2007 (6)：7-11.

[15] 王善迈. 教育经济学简明教程 [M]. 北京：高等教育出版社，2000：217-218.

[16] 郁庆璘. 丹尼森经济增长因素分析法 [J]. 外国经济与管理，1985 (6)：33-36.

[17] 吴重涵，张俊，周洁. 江西省高等教育对经济增长的贡献率研究——基于丹尼森因素分析法 [J]. 教育学术月刊，2009 (6)：30-32.

[18] 申亚民，吴润. 陕西省教育投资直接经济效益的实证分析 [J]. 教育与经济，2003 (1)：46-47.

[19] 丁兴富. 教育投资对经济增长的贡献——宏观教育经济学研究及其主要成果 [J]. 教育科学研究，2001 (2)：9-16.

[20] 米靖. 职业教育对经济增长贡献率的研究 [J]. 中国职业技术教育，2014 (21)：240-245.

[23] [29] [32] [36] 刘晓明，王金明. 浙江省高等职业教育对经济增长贡献率的实证分析 [J]. 中国职业技术教育，2011 (18)：36-40.

[24] 侯长林，游明伦. 职业教育的多元化扶贫功能及其定位探讨 [J]. 教育与职业，2013 (36)：26-28.

[25] 马跃. 关于职业教育对经济社会贡献的探讨 [J]. 职业技术教育，2011 (16)：20-23.

[26] 崔丽娟. 职业教育对社会发展的贡献力研究 [J].

南方论刊，2015（1）：105-106，95.

[27]［33］王永莲，杨小燕．四川高等职业教育对四川经济社会发展的贡献初探［J］．中国职业技术教育，2014（3）：52-57.

[30] 穆静静，张学英．高等职业教育对天津市经济增长的贡献率研究［J］．职业教育研究，2014（3）：5-8.

[31] 张佳．高等职业教育对区域经济发展贡献的实证分析［J］．职业技术教育，2014（10）：45-50.

[34]［37］谢勇旗．高等职业教育与区域经济协调发展研究——以河北省为例［J］．职教论坛，2011（4）：21-24.

[35] 赵海燕，郑君梅．江苏省高职高专院校专业设置现状调查与对策分析［J］．职教通讯，2010（8）：15-20.

[38] 王海花．高等职业教育与区域经济协调发展的研究——以湖南省为例［D］．长沙：湖南师范大学，2013.

[39] 四川高等职业教育研究中心．四川高职十年史略［M］．成都：四川大学出版社，2014.

[40]［42］［43］［44］［45］四川省教育厅．四川省高等职业教育质量年度报告 2016［OL］．中国高职高专教育网（http://www.tech.net/cn/web/rcpy/index.aspx）.

[41]［52］［53］朱世宏．2014 年四川高等教育人才培养质量报告（高职高专）［M］．成都：电子科技大学出版社，2015：2-3，16.

[46] 国家民委经济发展司．四川省民族地区和民族工作基本情况［N］．人民政协报，2014-12-12.

[47]［49］谢作栩．中国高等教育大众化发展道路的研究［M］．福州：福建教育出版社，2001：60，83-84.

[48] Trow M. The Expansion and Transformation of Higher Education［J］. International Review of Education，1972，18（1）：

64-84.

[50] 张洪亚. 美、英、日三国高等教育大众化扩张重点之比较和借鉴 [J]. 现代大学教育, 2002 (3): 99-102.

[51] 易元祥. 中国高等职业教育的发展研究 [D]. 武汉: 华中科技大学, 2004.

# 附　录

## 四川省高等职业教育质量年度报告（2016）

### 第一部分　基本情况

#### 一、办学规模

（一）院校规模

1. 院校规模增量

四川高职高专院校（以下简称“高职院校”）数量在稳步提升，2011 年全省高职院校 49 所，截至 2015 年 12 月全省高职院校增加到 58 所。2015 年，新成立成都工贸职业技术学院和四川应用技术职业学院两所高职院校，阿坝师范高等专科学校升格为本科院校。同时，四川高职院校在普通高等学校的占比也呈总体上升趋势，2015 年全省高职院校占普通高等学校（109 所）的比例为 53.21%。

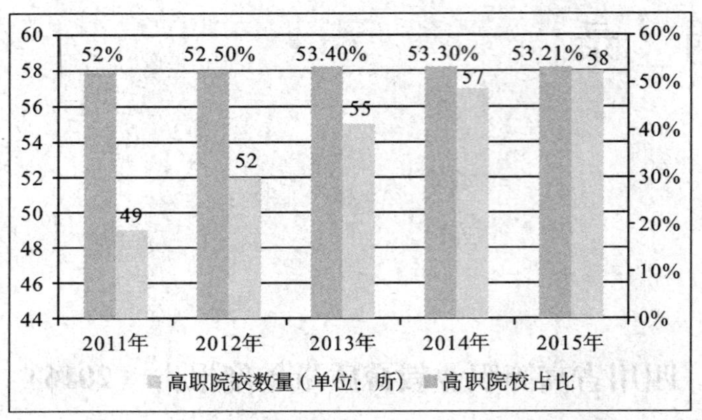


**图 1　四川高职院校数量增加趋势图**

2. 院校结构变化

四川高职院校的结构类型不断趋向合理，全省民办高职院校的数量由 2011 年的 12 所增至 2015 年的 18 所。同时，全省民办高职院校占高职院校的比例在波动中上升，从 2011 年的 24.49%上升为 2015 年的 31.03%，除 2014 年有小幅度下降外，其余年份均呈上升趋势。

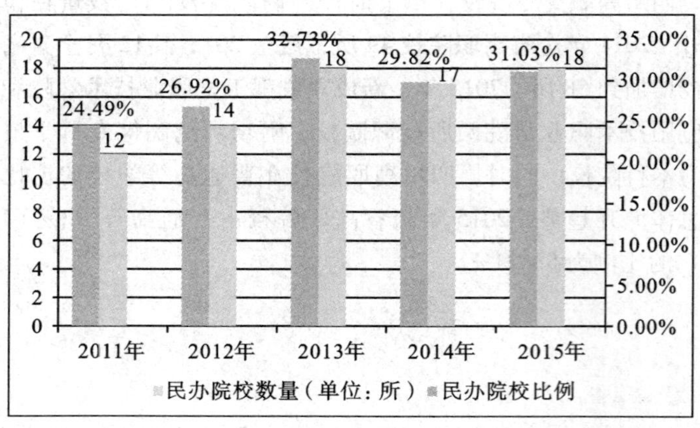


**图 2　四川民办高职院校数量及占比统计图**

（二）学生规模

四川普通专科在校生规模不断扩大，由 2011 年的 45.58 万人增至 2015 年的 60.43 万人。同时，四川普通专科在校生占高等教育在校生总数的比例也在逐年提升，由 2011 年的 40%升至 2015 年的 43.52%。

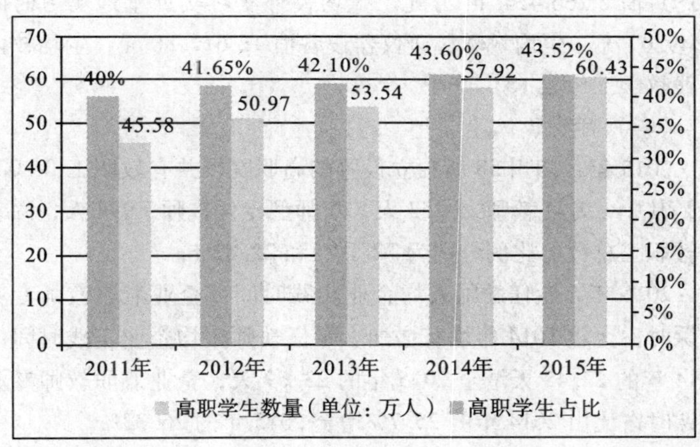


图 3　四川高职学生规模统计图

（三）专业设置

2015 年，四川高等学校新增高职高专招生专业 219 个，撤销高职高专招生专业 35 个，其中独立设置的高职院校新增招生专业 170 个，撤销招生专业 34 个。目前，高职高专专业布点 1 626 个，涉及 19 个专业大类的 76 个专业类（无管道工程类和部队基础工作类）、552 种专业，其中目录内专业 451 种，目录外专业 101 种，平均校设专业 29 个，所设专业覆盖了教育部高职专业目录二级类的 97.4%、目录内专业种数的 84.8%。

## 二、办学资源

（一）基础设施

2015 年，四川 58 所独立设置的高职院校占地面积 29 450 448.25 平方米，总建筑面积 12 652 736.13 平方米，固定资产总值 2 266 424.44 万元。生均校外实习实训基地实习时间为 49.07 天，生均教学科研仪器设备值 12 612.80 元，生均校内实践教学工位数 183.39 个。

（二）师资队伍

2015 年，四川 58 所独立设置的高职院校共有教职工 35 024 人，其中，专任教师 25 253 人，双师型专任教师 7 994 人，两者占教职工总数的比例分别为 72.10%和 22.82%。

2015 年，专任教师人均企业实践时间与企业兼职教师专业课课时占比较 2014 年均有增加。专任教师人均企业实践时间由 2014 年的 22.48 天增至 2015 年的 23.69 天，企业兼职教师专业课课时占比由 2014 年的 25.7%增至 2015 年的 26.32%。

**表 1　　2014—2015 年四川高职院校资源表**

| 序号 | 指标名称 | 单位 | 2014 年 | 2015 年 | 增量 |
| --- | --- | --- | --- | --- | --- |
| 1 | 专任教师人均企业实践时间 | 天 | 22.48 | 23.69 | +0.89 |
| 2 | 企业兼职教师专业课课时占比 | % | 25.70 | 26.32 | +0.62 |
| 3 | 生均教学科研仪器设备值 | 元 | 8 295.93 | 12 612.80 | +4 316.87 |
| 4 | 生均校内实践教学工位数 | 个 | 155.80 | 183.39 | +27.59 |
| 5 | 生均校外实习实训基地实习时间 | 天 | 51.00 | 49.07 | −1.93 |

# 第二部分　学生成长与发展

## 一、学生学习与成长

### （一）技能大赛展示学子风采

#### 1. 职业能力提升

2015年，四川省基于“以赛促学、全员参与”的理念，构建了国家级、省级、院级、系部“多级”大赛体系，四川省高职院校学生在全国职业院校技能大赛中再获佳绩。省教育厅组织24所院校的220名选手参赛，最终荣获一等奖2项、二等奖14项、三等奖37项。职业技能大赛的开展对于全面提升学生的职业能力水平，对于培养高端技术技能型人才有重要的现实意义。

案例1　四川财经职业学院职业技能大比拼

2015年，四川财经职业学院首次大规模集中组织技能大赛。在长达一个多月的技能大赛中，四川财经职业学院共开展了23项技能竞赛项目，5 236名学生参与预赛，覆盖面高达全院学生的90%。

#### 2. 职业精神培养

2015年，四川高职院校学生在各级各类竞赛活动中取得了丰硕成果。各级各类竞赛活动的开展很好地培养了学生的职业精神，对学生职业能力与职业精神的有机融合意义显著。成都航空职业技术学院在“2015国际大学生超轻复合材料桥梁竞赛”中勇夺世界冠军；四川建筑职业技术学院在第十届全国高职高专“发明杯”大学生创新创业大赛、第十三届“挑战杯”四川省决赛中再创佳绩；四川交通职业技术学院在全国大学生数学建模竞赛、中国汽车工程学会巴哈大赛中取得优异成绩；成都职业技术学院学子获“中国大学生自强之星”提名奖。

案例2　依托巴哈大赛打造汽车制造创新人才培养平台

2015年年初，中国汽车工程学会从美国引进巴哈大赛(baja)。四川交通职业技术学院机电工程系组织学生成立了“拓道者（Pathbreaker）”车队，全力备战比赛。此赛事旨在让大学生通过设计、制造一台单座、中置后驱的小型越野车，并在赛场完成静态和动态赛事的比赛，提高学生的工程实践与创新能力，以培养更多的汽车专业技术人才，充实汽车行业人才储备。参加本次大赛，使学生进一步掌握了汽车结构设计、制造、装配、维护、营销等多方面的专业知识技能，提高了学生的创新能力、团队合作能力，提升了学生精益求精、不畏艰难、一丝不苟的职业素养。

图4　四川交通职业技术学院学子参加巴哈大赛现场

（二）学生活动引领学子发展

为提高学生的综合素质，促进学生个体的全面发展，以全面提升高职人才培养质量，全省高职院校立足学校办学定位，围绕学生成长需求开展了丰富多彩的学生活动。学校通过积极组织、引导学生参加各种社会实践活动，引领其全面发展。

案例3　四川西南航空职业学院咏春拳表演创吉尼斯世界纪录

四川西南航空职业学院与涂藤耀拳术总会签订了合作协议，把咏春拳作为全体学生的必修专业，严格纳入课程考核。2015年1月8日，四川西南航空职业学院上万师生同台表演咏春拳，成功挑战吉尼斯“最大规模的咏春拳表演”世界纪录。

（三）立德树人促进学子成长

四川省教育厅充分贯彻落实关于“培育和践行社会主义核心价值观，全面落实立德树人的根本任务”系列文件精神，全省高职院校在发展过程中始终坚持立德树人的根本任务，将立德树人作为各项工作的关键和重点，把培育践行社会主义核心价值观融入教育教学的全过程。学校通过共建思想政治教育基地加强对学生的思想政治教育、注重多民族学生的文化认同与文化融合教育等多种途径促进学子的全面成长。

案例4　成都职业技术学院学子获“中国大学生自强之星”提名奖

由共青团中央、全国学联举办的2014年度寻访“中国大学生自强之星”活动结果揭晓，成都职业技术学院软件分院曾诚、何子章两位同学获得“中国大学生自强之星”提名奖，成都职业技术学院也成为全国十所荣获优秀组织奖的高校之一，该校也是省内唯一荣获此奖项的高校。

## 二、学生就业与发展

（一）就业创业率稳步提升

2015年，四川专科毕业生18.89万人，较2014年的16.6万人增加了2.29万人；截至2015年8月底，顺利就业17.12万人，就业率达到 90.62%，就业人数比 2014 年同期增加 19 473 人。截至 2015 年 8 月底，全省专科毕业生自主创业人数为 454 人，较 2014 年同期增加了 143 人。

案例 5　农博会上的年轻创业者

四川邮电职业技术学院计算机科学系学生何思静 2015 年 7 月走出校门。她发现剑阁土鸡市场有点混乱，而且没有在四川和成都打开市场。何思静几经琢磨后，打定主意准备将广元剑阁的这个土特产做大做强。毕业时她带着想法去寻人投资，结果何思静与成都广元商会的几名会员一拍即合，获得近千万元的投资。2015 年 11 月 22 日，《成都商报》以《农博会上年轻创业者：从做化妆品做酒吧软件转投现代农业——21 岁女生筹资千万卖土鸡》为题报道了何思静的创业故事。

（二）就业对口率呈上升趋势

2015 年，四川高职院校毕业生理工农医类专业相关度为 72.22%，较 2014 年的 71.30%提升了 0.92%。以院校为单位来看，理工农医类专业相关度最高为 93.52%，最低为 46.06%，不同院校之间的理工农医类专业相关度差距较为明显。

（三）对母校和雇主的满意度整体较高

2015 年，四川高职院校毕业生对母校的满意度为 90.07%，较 2014 年的 89.43%提升了 0.64%。以院校为单位来看，母校满意度最高的院校值为 99.72%，满意度最低的院校值为 62%。同时，四川高职院校毕业生对雇主的满意度也有所提升，从 2014 年的 85.92%增至 2015 年的 88.45%。

（四）月收入呈持续提升态势

2015 年，四川高职院校毕业生月收入平均为 2 926.91 元，较 2014 年的 2 778.56 元提升了 148.35 元。然而，专业大类月收入呈现较大的非均衡性，水利大类收入最高（为 3 643.40 元），医药卫生大类收入最低（为 2 662. 14 元），两者之间相差 981. 26 元。

**表 2　　2014—2015 年四川高职院校计分卡**

| | | 指　标 | 单位 | 2014 年 | 2015 年 | 增　量 |
|---|---|---|---|---|---|---|
| 1 | 月收入 | | 元 | 2 778. 56 | 2 926. 91 | +148. 35 |
| 2 | 理工农医类专业相关度 | | % | 71. 30 | 72. 22 | +0. 92 |
| 3 | 对母校满意度 | | % | 89. 43 | 90. 07 | +0. 64 |
| 4 | 自主创业比例 | | % | 3. 21 | 2. 88 | −0. 33 |
| 5 | 对雇主满意度 | | % | 85. 92 | 88. 45 | +2. 53 |
| 6 | 专业大类月收入 | 农林牧渔大类 | 元 | 2 861. 58 | 2 947. 33 | +85. 75 |
| | | 交通运输大类 | 元 | 3 236. 92 | 3 487. 36 | +250. 44 |
| | | 生化与药品大类 | 元 | 2 877. 70 | 2 993. 45 | +116. 45 |
| | | 资源开发与测绘大类 | 元 | 3 482. 40 | 3 462. 40 | −20. 00 |
| | | 材料与能源大类 | 元 | 3 264. 19 | 3 526. 36 | +262. 17 |
| | | 土建大类 | 元 | 2 964. 25 | 2 987. 98 | +23. 73 |
| | | 水利大类 | 元 | 3 132. 08 | 3 643. 40 | +511. 32 |
| | | 制造大类 | 元 | 3 105. 07 | 3 227. 88 | +122. 81 |
| | | 电子信息大类 | 元 | 3 043. 92 | 3 147. 64 | +103. 72 |
| | | 环保、气象与安全大类 | 元 | 2 795. 40 | 2 689. 40 | −106. 00 |
| | | 轻纺食品大类 | 元 | 2 868. 42 | 3 040. 18 | +171. 76 |
| | | 财经大类 | 元 | 2 790. 29 | 2 982. 88 | +192. 59 |
| | | 医药卫生大类 | 元 | 2 714. 17 | 2 662. 14 | −52. 03 |
| | | 旅游大类 | 元 | 2 770. 42 | 2 936. 80 | +166. 38 |
| | | 公共事业大类 | 元 | 2 748. 60 | 2 966. 80 | +218. 20 |
| | | 文化教育大类 | 元 | 2 677. 52 | 2 900. 90 | +223. 38 |
| | | 艺术设计传媒大类 | 元 | 2 812. 43 | 3 041. 05 | +228. 62 |
| | | 公安大类 | 元 | 3 592. 00 | 2 685. 00 | −907. 00 |
| | | 法律大类 | 元 | 2 515. 60 | 2 845. 60 | +330. 00 |

# 第三部分　教学改革与创新

## 一、专业建设成效卓著

### （一）围绕产业发展，优化院校专业结构

2015 年，四川立足“7+3”产业发展规划对高端技术技能人才的实际需求，对原有的 1 312 个高职院校相关专业布点重新进行调整。经教育部和四川省教育厅审批备案 221 个高职新增专业，撤销高职专业 35 个，进一步优化了专业结构，使全省高职教育专业布局基本符合主导产业发展规划，初步构建了支撑四川产业发展的人才培养格局。

### （二）加大资金投入，实施重点专业建设

2014 年，四川省教育厅、财政厅联合启动实施省级高职院校重点专业建设项目，遴选出 41 所高职院校的 100 个专业作为省级重点专业，省财政下拨专项资金 7 200 万元支持项目建设。2015 年，省级高职院校重点专业建设项目投入共计 1 亿元，较 2014 年增加 2 800 万元。省级重点专业建设有力地促进了高职院校持续加强专业内涵建设，对专业群建设及学校全面发展起到了很好的带动作用，整体提升了高职院校服务经济发展方式转变和现代产业体系建设的能力。

## 二、办学模式日渐完善

### （一）积极构建现代职业学校制度

四川已经全面启动实施了普通高等学校章程制定和修订工作，把院校章程建设作为依法治校的重要内容。2015 年，全省 58 所高职院校中已经有 40 所完成了院校章程建设。随着院校章程制度建设的全面开展以及管办评分离改革制度的深入实施，

全省高职院校依法治教的局面逐渐形成，院校的办学自主权得到了充分保障，现代职业学校制度已具雏形。

（二）努力探索混合所有制院校设置

四川积极推进混合所有制职业院校建设，健全社会力量投入的激励政策，鼓励社会力量捐资兴办职业教育；健全民办职业院校融资机制，探索利用国（境）外资金发展职业教育的途径。对办学质量高、社会效益好的民办职业院校，省政府通过项目方式给予财政扶持。

案例6　混合制办学开启全新职教模式

2015年3月27日，全国首家“鼎利学院”落户四川长江职业学院。四川长江职业学院携手珠海世纪鼎利通信科技股份有限公司建二级学院——鼎利学院，在招生、教学、就业等方面全面合作，共同探索混合所有制办学新模式。学院将软件技术、移动互联网应用技术、物联网应用技术专业从原电子信息系中划出，整体纳入鼎利学院。鼎利学院目前拥有在校生742名。

图5　四川长江职业学院混合制办学开启全新职教模式

（三）大力实施高端技术技能人才培养项目

2015年，四川大力实施高端技术技能人才培养项目，推进产学研联合培养人才，共有5所本科院校、7所高职院校和9家合作企业参与试点，涵盖13个专业，650个招生计划名额，有效增强了高职教育服务经济社会发展的能力。

案例7　四川积极推动普通本科高校转型发展

2015年，四川启动了地方本科院校转型发展改革试点，组建四川高校分类定位、特色发展专家组，深入调研，研究政策，明确转型发展的思路和目标。确定3所本科院校开展整体转型发展试点，8所本科院校开展二级学院（系）、专业（群）转型发展试点。同时，组建高端技术技能型本科人才培养改革协作小组，确定5所本科院校、7所高职院校和9家企业参与“校、院、企”三方联合培养机制改革。

## 三、招生制度凸显多元

### （一）扩大高职单招范围和规模

2015年，四川省教育厅制定《四川省深化考试招生制度改革实施方案》，深入实施高等职业教育分类考试招生，进一步扩大高职单招范围和规模。目前，全省实施单招的高职院校数量不断增加，由2014年的33所扩大到2015年的39所。

### （二）完善高职班对口招生办法

2015年，四川增加实施技能考试的专业类别，逐步扩大“文化素质+职业技能”考试的试点专业类别，加大技能测试成绩在录取中所占的权重。截至2015年12月，全省共有15个专业类进行对口招生，其中6个专业已经实施技能考试。2015年新增1个实施技能考试的专业类，2016年计划增加3个专业类。

### （三）规范中高职贯通的招生办法

逐步规范中高职贯通的招生办法，高等职业学校面向初中应届毕业生招收五年制学生，学生完成中等职业教育阶段学习任务并达到相关要求后，可直接进入高等职业教育阶段学习。

（四）实施技能拔尖人才面试招生办法

依据《四川省普通高中新课程高考方案》相关规定，在校期间参加全国职业院校技能大赛获得一、二、三等奖和全省职业院校技能大赛获得一等奖的中职、高职毕业生，毕业时可分别向相关的高职、本科院校提出申请，由学校组织考核，认定合格者录入相关专业，不再参加高考。

案例 8　高等职业教育分类考试招生成效明显

2015 年，全省 39 所高职院校开展单独招生试点工作，录取学生 30 600 名。其中，中职毕业生 12 571 名，占学生总数的 41.08%；针对“9+3”中职毕业生实行单列计划、单独考试、单独录取的政策，2015 年录取“9+3”学生 857 名，为“9+3”学生打通成长成才通道。同时，通过专升本的“3+2”模式，中职升高职的“3+2”模式、“3+3”模式以及五年一贯制等招生制度，对现代职教体系内部各个层级职业教育相互融通进行了有益尝试。招生方式多样化凸显了高职教育的职业属性，进一步满足了人民群众多层次、多样化的教育需求。

## 四、创新创业教育改革

2015 年，四川积极推进创新创业教育改革。省教育厅会商省直有关部门牵头研究起草，省政府办公厅审定下发《四川省人民政府办公厅关于深化高等学校创新创业教育改革的实施意见》（川办发〔2015〕64 号），明确了深化四川创新创业教育改革工作的总体目标、重点工作和分阶段目标任务，拟定了全省深化创新创业教育改革实施方案及任务分工并上报教育部，同时要求各校上报本校研究制定的深化创新创业教育改革实施方案。

省教育厅组织省内地方属高校参加教育部在吉林大学举办的高校创新创业教育成果展，同时为认真落实李克强总理关于建立大众创业、万众创新展示平台的指示精神，配合全国“大众创业万众创新活动周”活动，充分展示、交流全省教育系统推进大众创业万众创新的做法和取得的成效，下发了《四川省教育厅关于开展“大众创业万众创新活动周”活动的通知》（川教函〔2015〕570号），在省内高校中开展大学生创新创业成果展。

案例9　打造“创新创业一条街”　培育学生创新创业能力

成都工贸职业技术学院坚持强基础、搭平台、重引导，以打造“创新创业一条街”为抓手，助推创新创业工作，充分发挥学生创业主体作用，培养学生创新创业意识，激发学生创新创业激情。学院通过机制、政策、资金、场地四大支撑全力扶持“创业街”项目；明确了“创新创业工作考核评价办法”；通过专项考核保障创新创业效果；积极推进教学和人才培养改革，将创新创业教育纳入教学大纲，并积极探索国际联合、校企合作等创新创业培养模式。

## 五、校企合作深入推进

四川省政府支持工业园区与职业院校深度合作，用省级产业园区产业发展引导资金支持职业院校建立教育培训平台。在行业引导下，职业院校全面推行校企合作、工学结合、顶岗实习的人才培养模式。引导大中型企业、示范职业院校探索发展多样化职业教育集团，并逐步建立现代学徒制度，推行校企分工合作、协同育人、共同发展的人才培养新模式。

部分地方也积极探索建立校企合作长效机制。比如，2014年12月成都市出台了《成都市职业教育校企合作鼓励办法（试行）》；泸州市职业技术学校以“依托企业办专业、办好专业兴企业”的专业建设思路，积极探索实施“1+1+1”专业建设模式，即一个专业衔接一所高职院校、建立一个合作企业，深化中高职衔接和校企合作。

案例10　绵阳职业技术学院军民融合协同育人

绵阳职业技术学院以绵阳科技城为依托，将军民融合、协同创新融入人才培养全过程。学院与中国工程物理研究院五所、中国兵器工业第五八研究所、中国（绵阳）科技城工业技术研究院等多家单位共建富乐绵阳大学生创新创业园，共同推动大学生创新创业工作。通过扩大合作主体、增强育人合力，拓宽合作领域、丰富育人内涵，深化合作层次、激发育人动力，军民双方在政策、教学、生产技术、科研等信息资源方面实现广泛共享，结成了实质性的利益共同体。

案例11　成都航空职业技术学院与中国航空工业集团公司签订战略合作协议

成都航空职业技术学院在建校50周年之际与中国航空工业集团公司签订了战略合作协议。根据协议，中航工业集团公司将成都航院纳入其教育培训体系，并确定成都航院为“中航工业高技能人才培养基地”，联合开展基地共建和人才共育工作，推动校企产教融合；同时，将支持和指导成都航院航空特色专业建设、组建航空类专业教学指导委员会、联合共建实习（实训）基地和技能大师工作室、申请航空行业特有工种鉴定资质，并继续推动“航空人才计划”的实施。

案例12　四川川菜国际化示范培训基地项目正式签约落成

2015年，四川商务职业学院与成都廊桥文化发展有限公司合作的四川川菜国际化示范培训基地项目正式签约落成。双方以联合办学的方式共同经营四川川菜国际化发展示范培训基地，以利于充分发挥校企双方的优势。学院选派了10名硕士学位以上的外语教师参加“川博川菜海外教育研修班”首批培训，学习30道经典川菜的制作，为川菜走出国门组建了强有力的师资队伍。同时，学院加强了英语、法语、俄语、日语外籍人员川菜体验式培训教材的编写工作。

## 六、实训基地巩固提升

2015年，四川继续推进大学生校外实践教育基地建设工作，加强中央财政支持的职业教育实训基地建设，对已立项的职业教育实训基地项目开展检查，确保项目建设取得实效。

图6　成都职业技术学院护理专业学生在儿科实训室实训

## 七、教育信息化水平提升

2015年，四川继续提升高职教育信息化水平。按照资源共享的技术标准，全省对已建的国家级、省级精品课程进行升级改造，依托四川教育资源公共服务平台，建立省级优质课程资源共享平台。同时，推进高职院校人才培养工作状态数据平台建设，建立开放式、常态化的质量监控制度。此外，还通过信息化教学大赛、微课比赛、MOOC（慕课）建设等，不断提高教师的信息技术应用能力和信息化教学水平，加快促进信息技术和教育教学的深度融合。

## 八、师资队伍全面发展

### （一）制度建设提供教师发展保障

四川省教育厅着重引导高职院校探索和建立教师队伍的培养、培训、继续教育等机制，重点建立教师到企事业单位实践制度，鼓励职业院校向企业聘请兼职教师，实现教师企业轮训，不断完善职业学校编制管理，不断提升教师队伍的专业教学能力和实践动手能力。

### （二）素质培训促进教师能力提升

2015 年，四川继续实施高等职业院校教师素质与教学能力提高计划。省教育厅组织完成省级师资培训项目的评选、国家级师资培训项目遴选及推荐工作，最终确定 50 项四川高等职业院校骨干教师省级培训项目，并获批国家级培训项目 25 项。与 2014 年比较，省级师资培训项目和国家级师资培训项目均有增加。

案例 13　四川高职院校专业带头人、骨干教师能力提升高级研修班顺利开班

2015 年 6 月底，四川交通职业技术学院四川高等职业教育研究中心组织举办了全省高职院校专业带头人、骨干教师能力提升高级研修班省培项目，来自全省 25 所高职院校的 152 名专业带头人与骨干教师参加了此次培训。培训本着“缺什么、训什么”“需什么、讲什么”的原则安排课程，采用“入口—过程

一出口”三个环节的全程管理模式，创新“班主任—班长—小组长”相结合的管理方式，运用“大班—分班—小组”相结合的组织形式，学习了“专业调研的思路与操作”等课程内容。本次培训形式新、内容实、学习氛围浓厚，得到了学员的充分肯定。

**图 7　四川高职院校骨干教师高级研修班学习现场**

（三）教学大赛展现教师精神风貌

为了积极改进教学方法，推进教学手段的创新，培养高职院校思政课青年骨干教师，四川省教育厅、四川省高校“思想道德修养与法律基础”课教学研究会主办了四川高职高专院校思想政治理论课青年教师教学能手大赛，最终评出一等奖 2 名、二等奖 5 名、三等奖 9 名。获一等奖的教师参加了全国高职高专院校思政课青年教师教学能手大赛决赛。

2015 年，四川高等职业院校教师信息化教学大赛再获佳绩。四川省教育厅组织开展全省高等职业院校教师信息化教学大赛，共评选出 29 所院校的 68 项参赛作品，分获信息化教学设计和信息化课堂教学赛项的一、二、三等奖。根据全国大赛的要求，省教育厅遴选并推荐了 14 项优秀作品代表四川高职院校参加全国职业院校信息化教学设计大赛。最终，在高职组信息化教学设计比赛中，四川省荣获一等奖两项、二等奖一项、三等奖五项；在高职组信息化课堂教学比赛中荣获二等奖一项、三等奖三项；在高职组信息化实训教学比赛中荣获二等奖一项、三等奖一项。各高职院校教师在系列教学赛事中展现了良好的精神风貌。

案例 14　成都纺织高等专科学校教师获老挝琅南塔省“优秀教师”称号

2015 年，老挝人民民主共和国琅南塔省对在 2013—2014 年度为指导赴中国留学的老挝籍学生有杰出贡献的先进个人进行表彰，成都纺织高等专科学校鲜金宏被授予“优秀教师”称号。鲜金宏利用大量的时间学习老挝文化、习俗，自学老挝语言，每学期的大部分时间都与老挝学生在一起。当了解到自己的孩子较快适应了在中国的学习和生活，而且汉语水平和专业知识进步很快时，家长们均表达了感激之情，亲切地称鲜金宏老师是孩子们的“中国爸爸”。

（四）科研创新引领教师全面发展

四川省教育厅努力引导和鼓励学校整合行业、企业、政府、学校资源，为全省高职院校搭建科研协同创新平台，构建学校与企业之间、学校与学校之间多层次科研协同创新平台。面对企业的创新需求，大力推动校企应用技术研究开发团队、技术研发服务协同创新中心、重点产业技术积累创新联合体建设。创新校企合作的形式和内容，推动学校、企业共同开发课程和教材，共建技术工艺和产品开发中心、实验实训平台、技能大师工作室等，强化高职教育的技术技能积累作用。这些举措大大提升了教师的应用技术研发能力和社会服务能力，有效促进了专业建设与发展。

案例 15　四川高职院校科研课题再获佳绩

2015 年，全省高职院校在重大课题申报方面再获佳绩。川北幼儿师范高等专科学校王全民主持的“全国二十八所幼儿师范高等专科学校学前教育专业人才培养与教学改革情况比较研究”获批全国教育科学“十二五”规划 2015 年度项目；四川文化产业职业学院蒋林欣主持的“中国‘河流文学’研究”、四川建筑职业技术学院周厚琴主持的“俄国专制君主制探源”获批 2015 年度教育部人文社会科学研究一般项目；四川交通职业技术学院王东平主持的“高职学生职业素养与职业精神的培养研究”、四川建筑职业技术学院李建主持的“大学生思想政治教育亲和力提升研究”获批 2015 年度教育部人文社会科学研究高校思想政治工作专项项目。

案例 16　四川高职院校首次完成亚洲开发银行科研项目

2015 年 9 月，由四川财经职业学院作为执行机构的亚洲开发银行技术援助项目子项目“促进西部地区产业结构调整的财税政策研究”成果宣传和推广会顺利召开。据悉，这是省内首次申报获批并完成的亚行技术援助项目。项目的实施对于推动四川省及西部地区产业结构调整，提升西部经济发展质量有较强的现实意义；同时，也锻炼了教师的科研能力，提升了其专业能力和解决问题的能力。项目的实施，对于解决高职院校科研的短板问题是一次很好的尝试。

## 九、国际交流双向共赢

### （一）请进来：充分吸收世界经验

近年来，四川高职院校的国际意识逐渐增强，办学的国际视野逐渐开阔，通过多种渠道加强与国际知名院校、企业的交流与合作。在国外留学生培养、教育教学、学术科研、师资培训等方面实现友好合作，在人才培养目标、教育教学理念、校企合作模式等诸多方面实现互通有无、相互借鉴，促进了全省高等职业教育的健康有序发展。

案例 17 成都纺织高等专科学校举行“一带一路”文化艺术周活动

近年来，成都纺织高等专科学校一直致力于蜀锦、蜀绣等民族传统文化的传承创新，以及对外文化艺术方面的交流与合作。目前，成都纺织高等专科学校已招收28名老挝留学生，与30余所国（境）外院校建立了长期友好合作关系，特别是与“一带一路”沿线国家的学校交流合作频繁深入，合作的内容也不断丰富，形式也更加多样化。2015年9月，学校开展“一带一路”文化艺术周活动，吸引了来自印度尼西亚、老挝、印度等多国师生齐聚一堂，进一步扩大和深化了与沿线国家的交流与合作，传播了中国传统优秀文化，很好地展示了四川省高职教育的成果。

（二）走出去：全面扩大国际影响

四川在充分吸收世界先进经验的同时，也在大力推行走出去的发展战略。全省高职院校在世界范围内不断寻找具有良好合作前景的院校，在互通有无、相互借鉴的基础上实现与国（境）外院校的友好交流与合作。例如，选派优秀教师到国（境）外进行教学指导，选拔优秀学生参与国际交流与竞赛活动。通过走出去发展战略的大力推行，四川省全面扩大了全省高职教育的国际影响力。

案例 18 成都航空职业技术学院学子勇夺世界冠军

2015年5月21日，“2015国际大学生超轻复合材料桥梁竞赛”在美国巴尔的摩市落下了帷幕，来自美国、中国、日本等国家和地区的21所大学的64支队伍参加了7个项目的角逐。成都航空职业技术学院材料成型与控制技术专业学生代表队勇夺碳纤维工字梁项目、玻璃纤维工字梁项目冠军，还夺得天然纤维工字梁项目和天然纤维箱形梁项目亚军、玻璃纤维箱形梁项目和开放组季军，总成绩列所有参赛队第一，荣获团体总冠军。当天，也被国际先进材料与工艺技术学会（SAMPE）组委会称为"China Day"！

图 8　乐山职业技术学院培训安哥拉籍学生光伏发电站安装现场

## 十、院校发展特色鲜明

四川高职院校在长期的发展过程中，依据职业教育发展中的地域性、民族性特点，立足经济社会发展需求及院校办学定位，逐渐探索特色发展之路。在人无我有、人有我优的理念引领下，各高职院校的特色发展之路取得了显著成效。川北幼儿师范高等专科学校凸显广元特色打造女子品牌，四川商务职业学院举办商道文化节建设特色校园文化，四川西南航空职业学院建设成都市科普基地，四川文化产业职业学院获评"2014 中国文化创意产业最具吸引力十大院校"。这些高职院校均是高职院校特色发展的典范。

案例19　川北幼儿师范高等专科学校凸显广元特色打造女子品牌

川北幼儿师范高等专科学校结合广元地方实际，从学校全局出发，基于专业特色、学校女性所占比例大的实际情况，提出以培养具有“大爱气质、人文情怀”的高素质女性人才为重要任务，全面实施女性综合素质提升工程。通过实施女性综合素质提升工程，该校女性素质得到大幅度提升：邓萍同学摘得“2015国际超模大赛”四川赛区T台组桂冠；女子专业礼仪队多次服务于地方各种大型会议；女子艺术团在省级比赛中多次获奖；女子运动队在省级比赛中获得第一名。

案例20　四川商务职业学院举办商道文化节建设特色校园文化

为进一步推动学院商道校园文化建设，四川商务职业学院举办了第九届“力方国际”商道文化节。学院商道文化节在探索中不断前进，体现了商院人“学无涯，商有道”的孜孜追求。文化节的顺利举办形成了独具商道特色的校园文化景观。学院通过举办商道文化节，展现了同学们的学习成果和风采，激发了同学们对文化、艺术的兴趣，丰富了学习生活，活跃了校园气氛，进一步推动了学院文化建设，营造了浓厚的文化氛围。

案例21　四川文化产业职业学院获评“2014中国文化创意产业最具吸引力十大院校”

全球中文第一大文化创意产业门户网站——中国文化创意产业网揭晓了2014年度中国文化创意产业最具吸引力十大院校，四川文化产业职业学院文化市场经营与管理专业成功入围。该校作为全国唯一一所高职院校与北京大学、山东大学、中央财经大学等本科院校共享殊荣。成功入围中国文化创意产业最具吸引力十大院校，充分证明四川文化产业职业学院专业建设的成果已得到业内权威的认可。

# 第四部分　政策保障与落实

## 一、政策落实与引导

四川省教育厅立足四川省情，结合上级会议及政策文件精神，会商省直有关部门，牵头研究、起草、出台了系列相关政策文件，引导全省高职院校充分落实上级部门关于高等职业教育的相关精神，为四川高等职业教育的健康有序发展做好了体制机制保障工作。

表 3　2015 年四川出台高等职业教育发展相关政策文件统计表

| 序号 | 文件名称 |
| --- | --- |
| 1 | 《四川省人民政府办公厅关于深化高等学校创新创业教育改革的实施意见》（川办发〔2015〕64 号） |
| 2 | 《四川省教育体制改革领导小组印发〈关于进一步落实和扩大高校办学自主权　完善高校内部治理结构的指导意见〉的通知》（川教改〔2015〕1 号） |
| 3 | 《四川省教育体制改革领导小组印发〈关于推进教育管办评分离 促进政府职能转变的指导意见〉的通知》（川教改〔2015〕2 号） |
| 4 | 《四川省教育厅印发〈关于进一步加强职业院校规范管理的意见〉的通知》（川教〔2015〕36 号） |
| 5 | 《四川省教育厅、四川省经济和信息化委员会关于开展现代学徒制试点工作的实施意见》（川教〔2015〕44 号） |
| 6 | 《四川省教育厅等七部门关于印发〈关于深入推进职业教育集团化办学的指导意见〉的通知》（川教〔2015〕94 号） |
| 7 | 《四川省教育厅关于开展“大众创业万众创新活动周”活动的通知》（川教函〔2015〕570 号） |

表3(续)

| 序号 | 文件名称 |
| --- | --- |
| 8 | 《四川省教育厅关于贯彻教育部〈职业院校管理水平提升行动计划（2015—2018 年）〉进一步提升职业院校管理水平的通知》（川教函〔2015〕674 号） |
| 9 | 《四川省高等教育招生考试委员会、四川省教育厅关于印发〈四川省 2015 年普通高校职教师资和高职班对口招生办法〉的通知》（川招考委〔2015〕32 号） |
| 10 | 《四川省教育厅调整五年制高职招生计划管理方式的通知》（川教函〔2015〕112 号） |
| 11 | 《四川省财政厅、四川省教育厅关于建立我省公办高职院校生均拨款制度的实施意见》（川财教〔2015〕94 号） |

## 二、专项政策实施

### （一）试点开展现代学徒制改革

为贯彻全国全省职业教育工作会议精神，探索建立四川职业院校现代学徒制度，创新技术技能人才培养模式，根据教育部《关于开展现代学徒制试点工作的意见》和《四川省人民政府关于加快发展现代职业教育的实施意见》要求，四川省教育厅、省经济和信息化委员会联合制定了《关于开展现代学徒制试点工作的实施意见》。按照教育部的工作部署，省教育厅组织 28 所高职院校申报试点项目 46 个，四川交通职业技术学院、四川邮电职业技术学院、成都农业科技职业学院三所高职院校入选首批现代学徒制试点单位。同时，经过教育厅研究遴选，确定 28 所高职院校为首批省级现代学徒制试点单位。

现代学徒制改革试点工作以推进产教融合、适应需求、提高质量为目标，以深化招生制度、管理制度和人才培养模式改革为突破口。通过开展现代学徒制试点，全省高职院校积极探索创新人才培养模式，着力提升人才培养质量，在培养目标定位、联合招生招工、人才培养方案、课程体系构建、教学过程设计以及现代学徒制运行机制和管理制度创新等方面进行了一些有益的尝试和探索，取得了积极效果。

案例 22　学生拜师学艺当“现代学徒”

成都艺术职业学院是四川首批开展“现代学徒制”人才培养试点工作的学校，旅游工艺品设计与制作专业（竹艺方向）与四川青神县云华竹旅有限公司合作开展现代学徒制专业试点。2015 年 11 月 5 日，成都艺术职业学院 2015 级旅游工艺品班设计与制作专业（竹艺方向）全体学生来到青神县的“中国竹艺城”拜竹艺大师陈云华为师，进行为期一个月的竹编艺术“现代学徒制”模式的实践学习。依托国家非物质文化遗产“青神竹编”，通过“现代学徒制”模式培养一批传承群体。这是成都艺术职业学院发挥高校服务社会功能、创新“非遗”人才培养模式的一项重要工作。

（二）深入推进职业教育集团化办学

为深入贯彻落实《教育部关于深入推进职业教育集团化办学的意见》（教职成〔2015〕4 号）精神，加快建立健全政府主导、行业指导、学校与企业双主体参与的职业教育集团化办学机制，促进职业教育紧贴经济社会和产业发展的需要，提升职业教育服务四川经济社会发展的能力，省教育厅等七部门共同编制印发了《关于深入推进职业教育集团化办学的指导意见》。

案例 23　绵阳职教集团谋求打造现代职教升级版

绵阳职教集团成立于 2012 年 10 月，是政校企研四方共建的一个利益共同体。多年来，围绕中国（绵阳）国家科技城建设，绵阳职教集团通过建立工作交流、对话、协作、资源共享交换等机制，搭建信息共享常态平台，逐步建立完善了集团运行机制；通过组建机械制造、电子信息、材料类、建筑类、旅游类5个专业建设指导委员会，引导职校专业与相关行业企业携手，共同制订人才培养方案，探索人才培养模式，建设和改革课程体系和课程内容；通过引导集团成员以专业建设为核心，实现专业设置与产业发展、人才培养标准与企业用人标准、课程内容与企业岗位要求、“结构双师”与教学要求、职业道德教育与综合素质标准、基地建设与企业工作过程“六个对接”。

（三）稳步实施中高职教育衔接

为全面推进四川中等和高等职业教育人才培养的相互衔接，系统培养技术技能人才，努力办好人民满意的职业教育，四川省教育厅与四川省发展和改革委员会下发了《关于进一步规范普通高校举办五年制高等职业教育工作的通知》，以及《关于开展中等和专科层次职业教育人才培养衔接的指导意见》征求意见函，全面征求中高职衔接人才培养相关意见。目前，四川省58所高职院校中，有24所高职院校与172所中职学校建立了较为密切的合作关系，高职院校参与面达到42.1%。院校衔接合作已涉及251个专业，其中绵阳职业技术学院92%的专业都开展了中高职衔接工作。

案例24　四川加强区域内中高职衔接改革试点

四川在教育综合改革试点过程中，将中高职衔接作为重要内容之一，充分发挥各市（州）职业教育的统筹协调作用，支持各级政府发挥其主导作用和资源统筹规划优势，打破区域内中等和高等职业教育各自为政的状态，整合优化区域职业教育资源，建立中高职衔接的保障机制。2014年，省教育厅将泸州市中高职一体化衔接改革列入省级教育综合改革试点项目，启动了中高职衔接的省级教育综合改革试点工作。2015年，确定四川信息职业技术学院、广安职业技术学院、宜宾职业技术学院三所高职院校作为省级教育综合改革试点单位，在各自区域开展中高职衔接的改革试点工作。

（四）逐步完善生均经费拨款标准机制

为贯彻健全公办高职院校经费保障机制，大力促进高等职业教育健康发展，根据《财政部、教育部关于建立完善以改革和绩效为导向的生均拨款制度　加快发展现代高等职业教育的意见》（财教〔2014〕352号）的规定，四川出台了《四川省财政厅、四川省教育厅关于建立我省公办高职院校生均拨款制度的实施意见》（川财教〔2015〕94号），结合四川省实际建立以政策和绩效为导向的公办高等职业学校生均拨款制度，分步提高高职生均拨款水平。四川在支持公办高职院校发展的同时，切实加强对民办高职院校的规范管理和科学引导，通过政府补贴、购买服务等多种形式完善扶持政策，支持和促进民办高职教育发展。

2015年，生均实习企业财政经费补贴为66.79元/月，生均企业实习责任保险补贴35.41元，企业兼职教师人均财政补贴9 860.42元，较2014年均有增加，增幅分别为30.44元、0.71元、1 510.17元。

表4　　2014—2015年四川高职院校落实政策表

| 序号 | 指标名称 | 单位 | 2014年 | 2015年 | 增　量 |
|---|---|---|---|---|---|
| 1 | 生均实习企业财政经费补贴 | 元/月 | 36.35 | 66.79 | +30.44 |
| 2 | 生均企业实习责任保险补贴 | 元 | 34.70 | 35.41 | +0.71 |
| 3 | 企业兼职教师人均财政补贴 | 元 | 8 350.25 | 9 860.42 | +1 510.17 |
| 4 | 专任教师参加省级培训量 | 人·日 | 66 754.5 | 73 105.00 | +6 350.50 |

## 三、质量评估与监测

### （一）深化职业教育管办评分离改革

为贯彻落实党的十八届三中、四中全会和省委十届四次、五次全会精神，深入推进依法行政，形成政事分开、权责明确、统筹协调、规范有序的教育管理体制，根据《教育部关于深入推进教育管办评分离 促进政府职能转变的若干意见》（教政法〔2015〕5号）要求，四川出台了《关于进一步落实和扩大高校办学自主权 完善高校内部治理结构的实施意见》（川教改〔2015〕1号），就推进全省教育管办评分离，促进政府职能转变提出了系列要求。

全面实施《四川省教育系统深入推进依法治教行动计划（2015—2020年）》，逐步形成政府依法行政、学校依法治校、教师依法执教的局面。

### （二）规范高职院校管理

为进一步提升职业院校管理水平，加快实现学校治理能力现代化，依据教育部印发的《职业院校管理水平提升行动计划（2015—2018年）》文件精神，四川省教育厅印发了《关于进一步加强职业院校规范管理的意见的通知》，要求全面启动职业院校管理水平提升行动计划，各级教育主管部门、职业院校要紧紧围绕保障人才培养工作，聚焦党风廉政建设和预防腐败工作，以招生、财务管理、基本建设、项目招投标、国家惠民工程（包括免学费、生活费补助等资金）等领域为重点开展一次拉网式清理排查，不留空白和死角，发现问题立即整改。

### （三）加强高职人才培养工作评估

为进一步贯彻落实《教育部关于印发〈高等职业院校人才培养工作评估方案〉的通知》（教高〔2008〕5号）和《教育部办公厅关于建立职业院校教学工作诊断与改进制度的通知》（教

职成厅〔2015〕2号）的要求，2015年四川省教育厅继续加强高职人才培养工作评估，本着“严格评估工作纪律，确保公平、公开、公正，增强评估工作实效性”的基本原则，对四川长江职业学院等3所院校人才培养工作进行评估，对四川艺术职业学院等4所院校人才培养工作评估进行回访。

为帮助高职院校理解《关于建立职业院校教学工作诊断与改进制度》的指导思想和指标内涵，四川省教育厅于2015年11月17日在成都召开四川高职院校人才培养评估工作培训会，全省58所高职院校分管教学的校领导和教务处长参加了培训。培训会的举办对于推动实施教学诊断与改进工作，掌握数据平台的管理使用方法，切实提高高职院校办学水平和人才培养质量意义凸显。

同时，持续组织做好“高职院校人才培养工作状态数据采集与管理平台”的数据采集填报工作，全面提升数据采集的科学性和实效性，为推进高职院校开展人才培养评估工作，系统掌握并统筹规划高职教育发展提供了重要的数据支撑。

### （四）完善高等职业教育质量报告制度

2015年，四川继续完善高等职业教育质量报告制度。为深入贯彻《国务院关于加快发展现代职业教育的决定》（国发〔2014〕19号）等相关文件精神，四川省教育厅组织开展了全省高等职业教育质量年度报告编写培训会，组织全省高职院校完成了《2014年高等职业教育质量报告》的编写和发布工作，完成了省级高等职业教育年度质量报告的撰写和上报工作，并连续四年编辑出版了《四川省教育质量年度报告（高职高专）》，对进一步强化教学质量保障有重要意义。

# 第五部分　社会服务与贡献

## 一、服务地方区域发展

2015 年，四川高职院校在优先招收本地生源、实现就近就业，满足当地经济社会发展需求、服务地方发展方面做出了突出贡献。全省高职院校毕业生留在当地就业的比例为 58.53%；以院校为单位来看，毕业生留在当地就业的比例最高为 93.47%。全省高职院校毕业生到中小微企业等基层服务的比例为 64.07%，较 2014 年提高了 1.68 个百分点；以院校为单位来看，毕业生到中小微企业等基层服务的比例最高为 94.52%。

图 9　四川司法警官职业学院学生春运执勤

案例 25　德阳设立全国首个“职业教育促进经济社会发展示范区”

2015 年 11 月 25 日，由中华职业教育社主办的“2015 职业教育与城市发展高层对话会”在德阳举行，200 余名国内外专家齐聚一堂，把脉职业教育城校联动。会上，中华职业教育社将德阳设立为全国首个“职业教育促进经济社会发展示范区”，并与德阳签署了双方“战略合作框架协议书”。据悉，德阳将围绕国家高端产业创新发展示范基地的定位，努力建设国家创新驱动发展示范市和职业教育促进经济社会发展综合示范市，大力培育高技能制造人才。

案例26　一朵杏花美了乡村　一片杏林富了村民

青白江区福洪乡优质杏基地项目是成都农业科技职业学院和青白江区福洪乡多年来开展校地合作所取得的建设成果。经过多年的合作共建，杏果生产在福洪乡大量发展，初步形成杏果生产、杏花观光的现代农业区，目前正在依托杏果生产形成的产业基础，拓宽、延伸优质杏产业“接二连三”的产业结构和形式，进一步推进当地的现代农业发展、农民增收、新农村建设。

## 二、促进产业转型升级

2015年，四川高职院校多形式面向社会、行业企业开展的教育和培训，对促进四川产业转型升级，推行“中国制造2025”国家战略意义显著。四川高职院校主要通过科技服务、技能鉴定、技术培训与技术服务等方式，为社会提供全方位的服务，成效显著。全省高职院校已进行公益性培训服务707 793人·日。

全年横向技术服务到款额10 507.59万元，较2014年增加590.83万元，纵向科研经费到款额2 163.13万元，较2014年减少408.88万元；技术交易到款额1 259.72万元，非学历培训到款额13 715.59万元，较2014年分别增加349.77万元和905.39万元。

图 10　眉山职业技术学院教师带领学生鉴定葡萄品质

## 三、全面建成小康社会

2015 年，四川高等职业教育发展实现了较好的效益目标，对全面建成小康社会意义显著。四川高职院校大力实施农民继续教育工程，实施新型职业农民培育工程，以生产经营型、专业技能型和社会服务型三类为重点，培育新型职业农民。同时，构建以县级职教中心为龙头、乡镇成人学校为骨干，向村延伸辐射的县乡村三级农村职教培训网络体系，每年开展农村劳动力转移培训和农村实用技术培训 200 万人次以上，农民工培训率不断提高。

案例 27　乐山职业技术学院举办乐山市高技能劳务品牌培训

高级劳务品牌培训是政府为民办实事的惠民项目。乐山职业技术学院继 2014 年顺利完成乐山市高技能劳务品牌培训之后，2015 年学院积极对接乐山市劳务开发暨农民工工作领导小组办公室，再次承担了全市高技能劳务品牌培训工作。高技能劳务品牌培训将为企业和社会培养技能型人才，有效提升企业的核心竞争力；同时，也为农村劳动力转移、提高农村劳动力的就业能力，为各类企业输送合格的高技能人才提供智力支持和保障。

案例 28　四川国际标榜职业学院将美与健康传递到偏远山区

2015 年 12 月 9 日，四川国际标榜职业学院举行“2 014—2015 年度社会实践表彰大会”。据悉，2015 年暑期，该院通过自主报名、筛选的方式确定 5 个“三下乡”小分队分别奔赴全省不同山区开展社会实践帮扶活动。此次“三下乡”不仅是传统的支教、健康知识宣传，而且同学们利用掌握的技能和专业知识根据当地实际情况，为当地百姓送去了最及时、最迫切的技术服务和文化服务。在参与过程中，大家发扬了团结协助、吃苦耐劳的精神，将美与健康传递到偏远山区。

## 四、传承少数民族文化

四川作为我国的民族大省，少数民族人口绝对数量与分布范围均居全国前列。四川在高等职业教育发展中充分尊重民族性特征。2015 年省教育厅会同省文化厅、省民宗委推荐上报了 6 个高职民族文化与传承创新示范专业，将民族文化融入整个学校的教育过程，在专业设置、课程开发、教学内容设计等方面充分体现了民族特色，对少数民族文化的保护与传承起到了很好的作用。

**图 11　成都纺织高等专科学校传承民族文化融合现代创意**

案例 29　巴中职业技术学院成立秦巴文化艺术研究中心

2015 年，秦巴文化艺术研究中心在巴中职业技术学院正式成立。该艺术研究中心立足秦巴山区、面向西部开展文化艺术教育工作，以巴中市三区三县（巴州区、恩阳区、兴文新区、通江县、南江县、平昌县）众多四川省美术家协会实力派原创画家为主导，力争成为全国曲艺、舞蹈、书画、摄影等秦巴文化艺术的采风、创作、展示、传承、交流基地。研究中心将为发挥巴中职业技术学院在地方区域科学研究和文化传承的主体功能，为秦巴地区教育、文化、艺术和地区经济发展起到积极的推动作用。

案例 30　成都纺织高等专科学校蜀绣研究中心致力于蜀绣文化和技艺的传承与创新

成都纺织高等专科学校于 2009 年成立了蜀绣研究中心，一直坚持蜀绣创新设计及刺绣人才的培养工作。尤其是近几年来，学校蜀绣中心坚持创新设计开发，已开发出现代时尚的蜀绣家纺家居产品系列、服装服饰系列等。中心的老师们开设了蜀绣刺绣公选课，指导在校学生学习蜀绣刺绣技艺。朱利容教授带领团队建立的蜀绣基地已成为成都市妇联大学生创新创业的学习实践基地，其团队几年来创作的作品在 2012 年、2013 年、2014 年成都市蜀绣创意大赛中多次获得一等奖，作品的创新设计也为成都市蜀绣产品创新提供了市场参考价值。

**表 5　　2014—2015 年四川高职院校服务贡献表**

| 序号 | 指 标 | 单位 | 2014 年 | 2015 年 | 增量 |
|---|---|---|---|---|---|
| 1 | A 类：留在当地就业比例 | % | 56.00 | 58.53 | +2.53 |
| | B 类：到中小微企业等基层服务比例 | % | 62.39 | 64.07 | +1.68 |
| | C 类：到国家骨干企业就业比例 | % | 20.54 | 21.35 | +0.81 |
| 2 | 横向技术服务到款额 | 万元 | 9 916.76 | 10 507.59 | +590.83 |
| 3 | 纵向科研经费到款额 | 万元 | 2 572.18 | 2 163.13 | -409.05 |
| 4 | 技术交易到款额 | 万元 | 909.95 | 1 259.72 | +349.77 |
| 5 | 非学历培训到款额 | 万元 | 12 810.52 | 13 715.59 | +905.07 |
| 6 | 公益性培训服务 | 人·日 | 426 518.00 | 707 793.00 | +281 275.00 |

# 第六部分　面临的挑战与愿景

## 一、面临的挑战

### （一）高等职业教育区域、校际发展不平衡

近年来，四川高等职业教育取得了长足发展，各高职院校的办学水平也有较大提升。但整体来看，全省高等职业教育区域、校际发展仍然呈现较大的非均衡性，高职院校的布局与地域人口密度分布不完全匹配，国家示范（骨干）院校、省级示范院校与普通院校之间，公办院校与民办院校之间的办学水平差异明显，职业教育的发展状况与人民群众对职业教育的要求

及社会经济对职业教育人才的需求还有不小的差距。

（二）专业设置还不能适应经济发展方式的转变

近年来，四川高职院校根据经济社会发展的新要求及时对专业设置进行了调整，高等职业教育服务经济社会发展的功能有所提升。但是，部分高职院校的专业结构仍然不能完全适应经济发展方式的转变和产业转型升级的要求，职业院校服务区域经济发展的职能作用尚未完全展现。同时，由于缺乏相关制度和利益机制的保障，行业企业参与校企合作的积极性不高，使得学校专业设置与企业岗位对接不够紧密。

（三）师资队伍建设尚不能完全适应教学改革

伴随着四川高职院校规模的扩大，教师数量有所增加，质量有所提高，但仍然不能适应高等职业教育的快速发展，教师数量缺口较大。伴随着四川产业升级的加快，特别是新兴产业的不断增加，“双师型”教师明显不足。由于教师招聘制度与职业教育自身特点还不完全匹配，“双师型”教师招聘渠道不畅，造成“双师型”教师紧缺。劳动人事制度对“双师型”教师队伍建设形成一定制约，技术技能人才成长空间制度设计缺失，教师专业职务职称评聘等存在问题，这些都制约了人才的合理流动。

（四）办学投入不足阻碍了高等职业教育办学水平的提高

2015 年，全省高职院校生均拨款与东、中部省市差距较大，地方院校、新建院校普遍低于平均水平，民办院校投入水平更低。目前，各级政府和院校主办方在推进职教集团建设、现代学徒制改革等过程中缺少专项资金支持，缺乏相关政策对资金使用进行合理的引导。办学投入的不足，直接影响了高等职业教育的内涵发展和质量提升。

## 二、发展愿景

### （一）坚持走内涵发展之路，巩固职教发展成果

继续坚持四川省发展规划确定的由“职教大省”向“职教强省”转变的发展目标，坚持走内涵发展之路，提升职业教育办学质量。针对高等职业教育区域、校际发展不平衡的问题，进一步建立健全相关制度和政策，对贫困地区、办学质量较差的院校制定和完善确实可行的优惠政策，支持民族地区和农村职业教育的加快发展，办好人民群众满意的职业教育。

### （二）加大改革创新力度，促进产业转型升级

进一步深化教育综合改革，坚持服务社会经济发展的目标，坚定不移地为区域、行业培养生产、服务一线，适应产业转型升级及社会公共服务发展需要的高素质技术技能人才。坚持产教融合、校企合作这一路径，打破封闭办学、自我评价的发展链式，创新产教融合机制，发挥行业企业的主体作用，大力推动专业设置与产业需求、课程内容与职业标准、教学过程与生产过程的对接。创新校企合作的形式和内容，推动学校、企业共同开发课程和教材，共建技术工艺和产品开发中心、实验实训平台、技能大师工作室等，强化高职教育的技术技能积累作用。

### （三）加强教师队伍建设，打破职教发展瓶颈

大力改革人事制度，探索建立符合职业教育特点的教师招聘制度，推动根据教师的岗位性质和要求，实施分类管理、分类评价的人事管理制度改革，落实高等职业院校招聘和引进教师的自主权，全面推行竞争上岗、全员聘任，改革职称评审制度，探索建立适应职业院校技术技能人才职称评聘的标准体系。同时，加强师资培训，按照国家关于教师继续教育的有关规定，全面推进和落实职业院校教师培训工作。加强职业院校优秀教

师国际、省级交流培训，采取送出去的方式，开阔其视野，学习新理念、新方法，提升教师教育教学的水平和综合素质。

（四）加大办学经费投入，提升整体办学水平

行业主管部门和地方政府等应进一步加大高职院校生均投入，全面实现生均拨款达到 12 000 元的目标，有条件的地区应该达到更高水平，力争向东中部发达地区拨款水平看齐，为全省高等职业教育持续健康发展提供强有力的资金保障。同时，要加强政策性引导，通过财政奖补、专项投入等手段鼓励引导民办院校加大经费投入，整体提升高等职业教育办学水平。

# 四川省高等职业教育质量年度报告（2015）

## 序

2014年是全面深化改革的关键之年。2014年6月国务院召开全国职业教育工作会议，发布了《关于加快发展现代职业教育的决定》，教育部等六部委印发了《现代职业教育体系建设规划（2014—2020年）》，完成了我国现代职业教育体系的总体设计。

四川是我国的人口大省和教育大省。四川省委提出的以“多点多级为支撑”实施“两化互动、城乡统筹、创新驱动”三大战略，实现“经济大省向经济强省、总体小康向全面小康跨越”的发展目标，迫切需要一大批高素质的技术技能人才。2014年9月，省政府召开了全省职业教育工作会议，教育厅等六部门联合下发了《四川省现代职业教育体系建设规划（2014—2020年）》，对四川现代职业教育体系建设做出了全面部署。2014年四川高职教育以“服务发展，促进就业”为宗旨，紧紧围绕办学体制机制、产教融合校企合作、集团办学等深化改革，内涵建设水平进一步提升，办学特色进一步彰显，人才培养质量、服务社会经济能力进一步提高。

同时，我们也清醒地意识到，全省高职教育仍然存在诸多问题，规模、质量、结构与经济发展方式转变和产业结构调整的要求尚有明显差距。根据《国家中长期教育改革和发展规划纲要（2010—2020年）》关于“建立高等学校质量年度报告发布制度”和《国务院关于加快发展现代职业教育的决定》关于“实施职业教育质量年度报告制度”的要求，以及教育部的工作部署，编制本报告。目的是全面展示2014年我省高等职业教育基本面貌，从中发现普遍问题，提炼典型经验，并希望为进一步提高我省高职教育质量，进一步推动我省由高职教育大省向高职教育强省跨越提供参考、借鉴。

《2014年四川省高等职业教育质量报告》编写委员会

2015年1月

四川是高等职业教育大省，高等职业教育能否得以健康、有序发展直接影响着全省现代教育体系的构建，乃至全川经济发展、文化繁荣及社会进步。在全国职业教育大发展的背景下，省委、省政府高度重视，高职高专院校主动作为，社会企业积极参与，全川人民热心关注，全省职业教育迎来了空前良好的发展时期。在构建现代职教体系的时代机遇下，随着体制机制改革的深入，职业教育办学思路的转变，职业教育质量工程的实施以及质量保障体系的构建，全省高等职业教育领域综合改革取得了显著成效；在学生成长、教研成果、区域发展、民生工程及特色贡献等方面，均有较大突破，成效显著，全省高等职业教育改革发展迈上了一个新的台阶。虽然我省高等职业教育的发展面临着一些现实问题，但发展势头良好，我们应准确把握现实形势，充分转变思想认识，明确发展定位，全方位探索全省高等职业教育发展的方法与路径。

## 一、发展概况

2014年，全省高职高专院校规模稳定，经费投入持续增加；教师队伍素质显著提升，学生就业形势良好；高职高专院校的专业结构进一步优化，服务社会的功能进一步凸显。

（一）院校发展

1. 院校总量变化

截至 2014 年 12 月，全省共有高职高专院校 57 所，较 2013 年增加 2 所，全省高职高专院校占普通高等学校总数（107 所）的 53.3%。其中，新设立四川护理职业学院、川南幼儿师范高等专科学校、四川西南航空职业学院和成都工业职业技术学院 4 所高职院校；四川电影电视职业学院（现名为四川电影电视学院）和四川工业管理职业学院（现名为四川工业科技学院）2 所职业院校升格为本科院校。

2. 院校布局变化

在办学水平上，2014 年全省高职高专院校中有国家示范和骨干高职院校 11 所，省级示范高职院校 14 所，省级示范高职培育院校 5 所，合计 30 所，占全省高职院校的 52.6%；在办学类型上，57 所高职高专院校中，省教育厅属 5 所，省级其他部门属 15 所，市州属 18 所，企业属 2 所，民办院校 17 所；在办学布局上，全省高职高专院校已在省辖 21 个市（州）中的 19 个市（州）布点，其中 29 所高职院校位于省会成都，28 所高职院校设置在地级市及以下地区；28 所地市州院校中 5 所高职院校为县域办学，1 所高职院校位于民族地区，在布局上比较适应区域经济尤其是三线城市、县域经济和民族地区的发展需要。新增的护理、幼儿教育的院校，使有医疗教育背景的院校增至 3 所，幼儿教育院校增至 3 所，一定程度上适应了四川人口大省在医疗和学前教育等公共服务领域发展的迫切需求。

高职高专院校的结构变化体现了四川立足经济社会发展需求，遵循职业教育发展规律的主动布局意识。总体来看，2014 年全省职业教育类型更加合理、举办主体更加多元、区域布局更加优化，为职业教育的持续发展和社会经济的转型升级打下了坚实的基础。

（二）学生发展

1. 学生规模

2014 年，四川全日制高职（专科）在校生 57. 92 万人，占高等教育在校生总数的 43. 60%。在校生总量较 2013 年增加了 8. 18%。2014 年，四川高职高专院校在川录取人数为 18 万人，占全省专科层次录取总人数的 63. 83%，报到率（报到人数比录取人数）为 79. 28%。

2014 年，全省单独招生考试的规模不断扩大，从 2013 年的 21 所扩大到 2014 年的 30 所，计划招生 15 937 名，招生专业共有 354 个，共有 35 043 名学生参考，最终录取 15 031 名，录取率为 42. 90%。其中，录取中职学生 7 186 名，占总录取人数的 47. 81%。这为进一步推动全省分类招生考试改革奠定了基础。

全省共有 12 所高职高专院校进行了藏区“9+3”毕业生招生试点工作，涉及专业 32 个，共有 551 名学生参考，最终录取 420 名学生，录取率为 76. 23%。

2. 就业创业

2014 年，全省高职（专科）毕业生 16. 6 万余人，较 2013 年的 15. 4 万余人增加了 1. 2 万人。截至 8 月底，高职（专科）院校顺利就业 15. 2 万人，就业率达到 91. 40%，就业人数比 2013 年同期增加了 14 550 人，就业率增长了 2. 1 个百分点。高职（专科）就业率较研究生就业率高 6. 43 个百分点 ，较本科生就业率高 9. 63 个百分点。全省高职高专院校毕业生半年后工作与专业相关度达到 73. 49%，毕业生半年后月平均收入为 2 848 元。

2014年，四川高职高专院校继续加大对学生自主创业的培养力度，共有13所高职院校成功申报85项创业训练和创业实践项目，占本年度创业项目总数的17.1%。高职高专毕业生自主创业意识逐渐增强，进行自主创业的学生逐渐增多，2014年全省高职高专学生自主创业率为3.22%，比2013年增加了0.34个百分点。

案例1　创业学院服务青年创业　持续引起良好社会反响

以成都职业技术学院为主体，融合政府、行业、企业、学校等参与主导，由成都市教育局、人社局、团市委联合发文成立，合力打造的“成都创业学院”，是集创业教育、实践、服务、孵化等功能于一体的青年创业综合服务体，于2013年7月正式运行。“成都创业学院”实行“理事会+院务会”管理，构建了“创业教育区”“创业孵化区”“成长型企业区”“创业公共服务平台”的“三区一平台”模型。同时，“成都创业学院”引入成熟企业，以企业经营者作为“创业导师”，以入驻企业业务外包作为实践孵化环境，营造“教育、实践、孵化”一体的良好创业生态环境。目前，成都创业学院已入驻8家成熟企业、22个学生创业团队，创造就业岗位723个。截至2014年9月底，其产值达到2 431万元，并成功构建“全覆盖、分层次、菜单式”创业教育体系，产生了比较良好的社会反响。

3. 学生成长

2014年，全省高职专科院校学生在全国职业院校学生技能大赛中取得了优异的成绩。阿坝师范高等专科学校、四川财经职业学院、四川职业技术学院、四川交通职业技术学院等院校共荣获一等奖10项、二等奖11项和三等奖20项，获奖项目包括市场营销技能、会计技能、电子产品芯片级检测维修与数据恢复、汽车检测与维修等21个大类，共27个具体项目。

同时，高职高专院校学生主动参与项目研究与开发，积极发表论文与作品，获得多项国家级、省级奖励。据统计，全省高职高专院校在校学生取得省级及以上技能大赛获奖数1 043项，省级及以上科技文化作品获奖数342项。通过参与技能大赛及项目研发等，高职高专院校进一步凸显了职业院校的办学特色，全面扩大了职业教育的影响力和吸引力，对提升职业教育人才培养质量，促进学生个体的成长意义重大。

案例2　科研赛事此起彼伏　高职学生勇创佳绩

2014年，由体育总局办公厅、教育部办公厅、科技部办公厅联合举办的科研类全国航空航天模型锦标赛有70多所本科、专科院校的1 500多名选手参赛。成都航空职业技术学院航模队首次参加此项赛事，荣获“电动滑翔机项目”一等奖、“对地侦察项目”二等奖的佳绩。

2014年7月，四川建筑职业技术学院学生团队在共青团中央、教育部共同主办的“挑战杯——彩虹人生”全国职业学校创新创效创业大赛中取得了一等奖和二等奖各一项的优异成绩。

（三）专业发展

1. 专业设置情况

（1）专业设置增减

2014 年，全省高职高专院校专业设置总数为 1 626 个，其中，招生专业 1 392 个，新增专业 104 个，停招专业 229 个，撤销专业 26 个。截至 2014 年 12 月底，全省高职高专院校共开设 19 个专业大类的 76 个专业类（无管道工程类和部队基础工作类）、552 种专业，其中目录内专业 451 种，目录外专业 101 种，平均校设专业 29 个；所设专业覆盖了教育部高职专业目录二级类的 95.6%、专业种数的 83%。

（2）专业对接产业

2014 年，围绕服务四川“7+3”产业发展规划和战略性新兴产业、支柱产业、重点产业和特色产业发展规划对高端技术技能型人才的需求，高职院校积极优化专业结构。据统计，全省服务“7+3”产业和战略性新兴产业相关专业布点共 1 312 个，占工科专业布点数的 60.3%，占全部专业布点数的 24.6%；“7+3”产业及战略性新兴产业相关专业在校生约 30.7 万人，占全省普通高校在校生人数的 24.2%。全省高等职业教育专业布局基本符合主导产业发展规划，初步构建了支撑四川产业发展的人才培养格局，实现了高职院校专业建设与产业发展的有效对接，进一步推动了高等职业教育与产业发展的紧密结合。

（3）重点专业设置

2014 年，围绕四川省“十二五”经济社会发展规划所确定的产业布局和重点发展领域，省教育厅、财政厅联合开展了四川省高等职业院校省级重点专业建设工作。根据网评和会评结果，最终确定 41 所高职院校的 100 个专业作为四川省 2014 年高职院校省级重点专业项目立项建设专业。这 100 个重点专业的布局情况如下：

在专业大类分布方面，排在前10位的专业大类依次为制造、财经、电子信息、土建、医药卫生、文化教育、农林牧渔、交通运输、艺术设计传媒、材料能源大类，其中制造大类和财经大类数量最多，各有17个专业（如图1所示）。

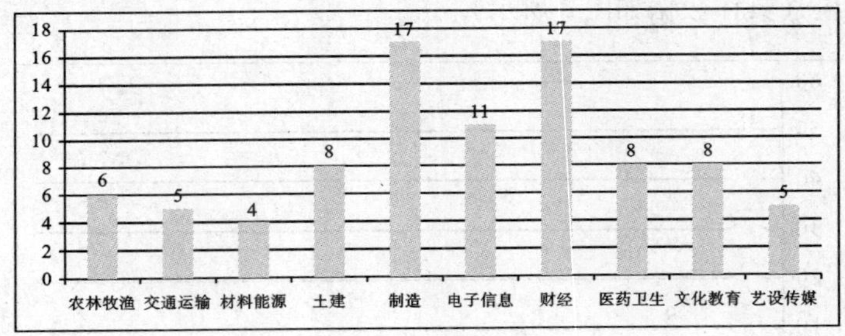


图1　重点专业大类分布图

从院校分布来看，91个专业为公办院校所属，9个专业为民办院校所属。从专业总数来看，省示范院校拥有重点专业数量最多，其次为国家示范院校和国家骨干院校，分别拥有36个、20个和19个重点专业，省培育院校和一般院校拥有重点专业数量较少（如图2所示）。从专业平均数来看，国家骨干院校校均重点专业为3.8个，其次为国家示范院校和省示范院校，分别为3.33个和2.57个。

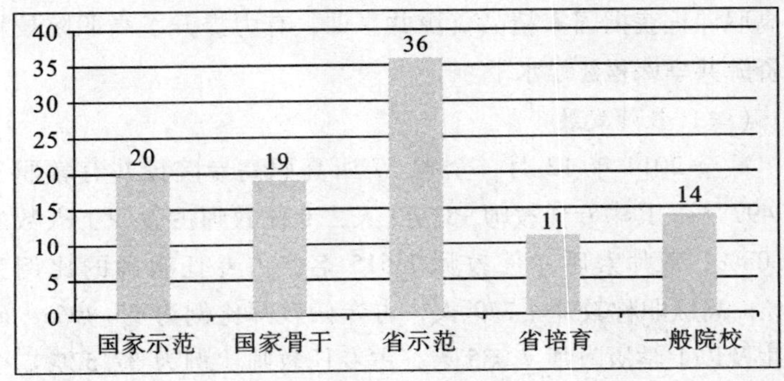


图2　高职院校重点专业分布图

全省21个市州中16个市州的高职院校拥有重点专业，占市州总数的76.19%。统计显示，拥有重点专业数量排在前10位的市州有成都市和德阳市等，其中成都市拥有重点专业数量最多，这与该地区院校分布较多有关，也与该地区的经济发展相适应（具体数据如图3所示）。

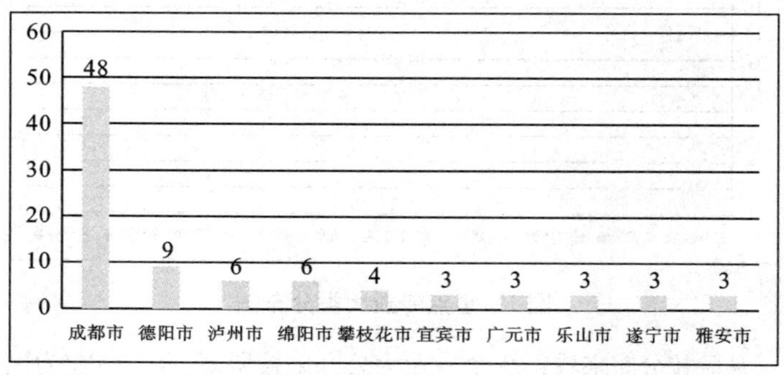


**图3　高职院校重点专业地域分布图**

2. 课程建设情况

2014年，四川继续推进精品资源共享课建设。经学校推荐、专家评审、网上公示、教育厅审定，批准立项建设2014年度精品资源共享课210门。其中，高职课程78门，占37.14%，31门高职课程获批国家精品资源共享课，有力提升了高职院校精品资源共享课程建设水平。

（四）教师发展

截至2014年12月，全省57所高职高专院校共有教职工28 497人，其中专任教师18 749人，专任教师占教职工人数的80.08%；双师素质专任教师7 515名，占专任教师的比例为40%；高级职称教师4 779人，占专任教师比例为25.49%；研究生及以上学历教师7 035人，占专任教师比例为37.52%。全省高职院校已培养7名国家级教学名师，46名省级教学名师。

随着高等职业院校教师素质与教学能力提高项目的全面推进，四川高职高专教师队伍结构不断优化，师资队伍水平逐步提升。

（五）社会服务

2014 年，全省高职高专院校开展了包括科技服务、技能鉴定、技术培训与技术服务在内的全方位的社会服务，成效显著。全省高职院校依托职业技能鉴定站，开展社会鉴定 68 528 人次（不含学生）；完成社会培训 225.39 万人次，其中各院校面向其合作企业的员工培训 62.88 万人次，进行公益性培训服务 223 623 人·日；到位横向技术服务经费 15 190 万元，纵向科研经费 2 537 万元，较 2013 年分别增加了 6 775 万元和 447 万元。全年技术交易金额达 992 万元，非学历培训金额达 12 341 万元，较 2013 年分别增加了 597 万元和 3 350 万元。

案例 3　跻身高端研究　致力科技服务

四川交通职业技术学院建有四川高校重点实验室——四川公路交通安全重点实验室等 5 个科研机构和交通运输节能减排工程技术中心等 3 个科技服务机构。目前，已完成了雅西高速公路货车极限参数试验研究以及雅西高速公路交通安全保障体系研究等项目，圆满完成了全国高速公路运输量统计工作，取得了山区高速公路事故黑点检测系统开发研究、盆周山区高速公路交通安全保障关键技术研究与应用等成果，先后为交通运输厅和行业企业制订人才工作规划、节能减排规划等各类发展规划多项。

## 二、改革举措

（一）明确改革思路，创新体制机制

1. 继续深化办学体制改革

强化政府主导。2014 年，四川发布了《四川省现代职业教育体系建设规划（2014—2020 年）》，统筹和引导全省各级地方政府积极落实自身职责，打破现代职业教育体系建设的机制性障碍，为现代职业教育体系建设工作的顺利开展铺平了道路。

推进管理创新。推进管办评分离，建立现代职业学校制度，扩大高职高专院校在专业设置、人事管理、教师评聘和收入分配等方面的办学自主权；同时，正在逐步建立职业教育定期督导和专项督导评估制度，并将督导评估结果作为绩效考核的重要内容。

深化多元办学。继续大力支持民办高职高专院校的发展，2014 年审批成立 1 所民办高职高专院校，同时进一步加大对已有民办高职高专院校的扶持力度，大力推动民办高职高专院校在全省高等职业教育发展中发挥重要作用。同时，四川省财政首次以资助重点专业建设项目方式向民办院校注入办学经费，共有 9 个民办院校的重点专业享受了政府资金资助，共计 648 万元。这一举措，打破了政府教育资金不能投向民办院校的惯例，开始探索各类符合办学条件的院校均能享受政府资金补贴的路子。

案例 4　借力国际合作项目　助推高端人才培养

2014 年 10 月 12 日，在我国教育部、德国联邦经济合作与发展部、德国国际合作机构的支持和推动下，“中德职业教育合作项目——中国汽车机电技术人才培养”(英文简称 SGAVE) 正式启动。成都航空职业技术学院是 SGAVE 项目首批五个试点学校之一。该院在中德双方联合成立的项目指导委员会专家组引导下，先期启动“实验班组建”工作包，由五家德国车企下“订单”，从 2014 年入学的汽车维修技术服务类专业学生中考核选拔 30 名进行“人才定制培养”，按照“德式”标准系统学习三年。学成后，这些学生将获得所在学校的学历证书及德国承认的职业资格证书，并进入五大车企旗下的“4S”店工作。该院以项目的开展为契机，因需施教、因材施教，探索实施引进德国优质资源、与国际一流汽车企业深度合作的教育模式，为汽车“后市场”全行业健康、可持续发展提供坚实的人力资源保障。

案例 5　探索股份制合作，推动办学模式创新

南充职业技术学院与香港利奥集团签订了股份制合作办学协议，学院以实物资本、无形资本入股，占 80%的股份；香港利奥集团出资 4 500 万元，占 20%的股份。校企股份制合作办学体制机制的创新，不仅解决了发展建设中的资金瓶颈问题，还盘活了社会资源，增强了办学活力，促进了人才培养模式的根本转变，对全省乃至全国同类高职院校办学体制机制的创新，具有很强的示范、借鉴作用。2014 年学院党政领导班子经过认真研究和多方探索，确立了“在校企股份制合作办学体制引领下，扩大校企合作，加强校地合作，探索校校合作，为地方经济社会发展培养合格实用的技能人才”的办学思路，提出了“质量立校、特色兴校、以人为本、追求卓越”的办学理念，针对南充是川东北唯一大城市的区域特点，积极为商贸流通领域和社会事业发展等培养输送高素质技能人才。

2. 大力推进招生制度改革

根据教育部有关文件精神继续完善专升本以及中职对口升高职等制度，四川制定了相应的工作措施。2014 年，在对口招生考试、高职单招中，四川进行了“专业技能+文化知识”考试的探索和改革。尤其是在高职单独招生考试中，坚持“单列计划、单独考试、单独录取”原则，区分中职学生与普通高中生的差异，针对普通学生一般采用“文化考试+面试”或“文化

考试+综合测试”的形式，针对中职学生主要采用“文化考试+专业技能测试”或者“文化考试+技能测试+面试”的形式。不同的招生考试方式为中职学生充分展示专业技能优势、进入高等教育学习提供了更多机会。

2014 年，全省 30 所国家、省示范高职院校开展了单独招生试点工作，录取学生 15 031 名，其中，中职毕业生 7 186 名，占学生总数的 47.8%；完成藏区“9+3”毕业生的单独招生工作，录取学生 420 名；完成藏区高中起点“1+2”模式招生方案的确定工作。

专升本的“3+2”模式、中职升高职的“3+3”模式、“3+2”模式以及五年一贯制，不仅为现代职教体系内部各个层级职业教育的相互融通进行了有益的尝试，而且招生方式的多样化，也满足了人民群众多元化的教育需求。一是为中职毕业生提供了进一步接受高等教育的机会；二是为初中毕业生提供了五年一贯制的中高职教育机会；三是为藏区少数民族中职毕业生提供了进一步接受高等教育的机会；四是为技能拔尖人才提供了接受高等教育的机会。上述四个方面生源的拓展，既凸显了职业教育的职业属性，又满足了人民群众多层次、多样化的教育需求。

3. 充分发挥市场机制作用

四川认真落实支持企业举办和参与职业教育的政策措施，制定促进校企合作办学的激励政策，发挥企业重要办学主体作用，把适宜行业承担的职责交给行业，推动行业在促进校企合作、指导教育教学、开展质量评价等多方面发挥更大作用。四川省积极支持社会力量以独资、合资、合作等多种形式举办职业教育；建立公办和社会力量举办的职业院校相互委托管理和购买服务机制，形成公办、民办职业教育共同发展的局面。

四川高职高专院校着力推动产教融合与校企合作向纵深发展，致力于校企合作长效机制的建立，不断拓展行业企业参与高职院校人才培养的深度和广度，支持高职高专院校建立健全政府主导、行业指导、企业参与的办学体制机制，探索政府、行业及社会各方面分担职业教育基础能力建设机制。近年来，集团化办学正在深入推进，企业参与办学的积极性被不断激发，校企合作模式日趋成熟。各高职高专院校不断创新“校企一体、产学结合、订单培养”“校企合作、双元互动”“人文化育、德能并进、工学结合”等多元化的人才培养模式。

案例6　抓住契机寻合作　城校互融“城中校”

成都职业技术学院在服务成都“北改”举措中，与成都国际商贸城共建“城中校”电子商务人才培养模式，将教学课堂、实训基地、创业就业基地三位一体建在商城中，通过城校互融机制体制建设，实现产教融合。2014年，“城中校”被中国电子商务协会授予“全国大学生电子商务产教融合示范项目”。同时，城中校体制机制的建立，为成都地区30余所各级各类院校、2 000余人次的学生到成都国际商贸城的实践提供了支撑。通过举办2012年、2013年两届省级师资培训，依托“城中校”进行现场实战培训，为电子商务合作联盟搭建了桥梁。

四川交通职业技术学院为了实现ICT创新基地服务相关专

业实践教学、科研能力提升及社会服务的功能，按照智慧交通的业务架构设计了智慧交通应用系统、智慧交通云桌面虚拟系统、智慧交通管控系统和智慧交通管道系统及用户体验中心等内容。学院投入677.86万元进行基地建设，中兴通讯投入560万元左右建设智慧交通云服务数据监控与应用开发系统及基于RFID技术的电子车牌系统，保证所建平台与学校已规划建设的智慧交通云服务数据监控与应用开发系统之间实现互联互通、正常运转。在校企深度合作中，中兴通讯协助学校建设了一支针对智慧交通领域的高水平应用型师资队伍，并成立了“四川交通职业技术学院中兴通讯智慧交通学院企业培训中心”。校企双方利用实训基地共同面向四川地区中小企业、政府和事业单位开展相关行业社会培训服务，开拓四川地区培训服务和技术服务市场。

### （二）狠抓重大项目，加强内涵建设

#### 1. 高端技术技能人才培养项目，带动高职教育水平提高

为推进产学研联合培养人才，提高高端技术技能人才的培养水平，增强高等职业教育服务经济社会发展的能力，省教育厅在2014年继续开展高端技术技能型本科人才培养改革试点工作。参与主体、涵盖专业及招生规模均有提升，共有5所本科院校、7所高职院校和9家企业参与该试点项目，涵盖了13个专业，有650名招生计划名额。

试点工作围绕经济发展方式转变和产业结构调整需求，着手专业建设与四川产业发展的对接，着眼现代职教体系建设，着力体制机制改革，着重人才培养模式创新，促进高职高专院校专业改革创新，力求在职业教育的新层次上进行有益探索。参与试点的各方建立了联合培养机制，“校、院、企”三方全程深度合作，采取切实有效的措施，共同拟订招生简章，共同制

订培养方案，共同研制课程计划，共同组建“校、院、企”三结合的教学团队，共同协调教师、设施、实验、实训等资源配置，共同深度参与人才培养全过程，实现“产教融合、校企合作、三位一体、共同培养”，构建了“校企一体、产学结合、订单培养”“校企合作、双元互动”“人文化育、德能并进、工学结合”等人才培养模式。

案例7　三方联合培养　探索新型本科

高端技术技能型本科教改试点项目是四川探索新型本科教育和新层次高职教育相结合的本科人才培养新模式。该模式采取省属本科院校、国家示范（骨干）高职院校、企业三方合作培养的方式，选择优势专业进行试点，以培养适应经济社会发展需要的高端技术技能型本科人才。经四川省教育厅批准，四川建筑职业技术学院、西华大学与四川华西集团有限公司开展了高端技术技能型本科人才培养改革试点工作。2013年，四川省教育厅下达给西华大学、四川建筑职业技术学院高端技术技能型本科（二本）招生计划100名（工程造价专业50名，土木工程专业50名），录取100人，全部为A志愿考生（录取分数：工程造价专业最低521分、最高568分；土木工程专业最低520分、最高560分），报到100人。

2. 省级示范高职院校建设项目，辐射引领高职教育发展

四川继续推进国家示范（骨干）高职建设和省级示范性高职院校建设计划，形成国家级、省级示范高职院校梯队，促进中、高职协调发展和现代职业教育体系建设，引领职业教育科学发展。目前，四川6所国家示范高职院校均已圆满完成示范建设计划，通过教育部、财政部验收，进入后示范建设阶段。2014年，省教育厅指导国家骨干高职院校成都纺织高等专科学校和四川邮电职业技术学院按照批准的建设方案推进骨干建设，

组织完成了该校国家骨干的省级验收工作，最终以优秀成绩通过教育部、财政部验收；四川省教育厅、财政厅共同组织省内外高职教育专家和行业企业专家，对 2011 年立项建设的省级示范性高等职业院校进行了验收，按照“院校总结、省级验收”的程序，通过“公示评价、专家审核、现场考察（含资金核查)、综合评议”等环节，最终确定四川职业技术学院、四川航天职业技术学院验收结论为“优秀”，成都农业科技职业学院、泸州职业技术学院验收结论为“良好”。同时，组织开展对 2013 年批准的 5 所省级示范性高职院校和 1 所省级培育高职院校的中期检查工作，开展对 2012 年批准的 5 所省级示范性高职院校的验收工作。

省级示范建设三年，省财政投入资金 9 800 万元，带动了其他利益相关方投入资金总额约 7.1 亿元，对促进各方加大对高职高专院校的投入力度、增强学校办学实力、提升人才培养和社会服务能力、推动四川高等职业教育持续健康发展起到了十分重要的作用。

案例 8　把握骨干建设机遇，推动学校跨越发展

2014 年，四川邮电职业技术学院在教育厅、财政厅的指导下，顺利完成了国家骨干高职院校的省级验收工作，并以优异成绩通过教育部、财政部的验收。在国家骨干高职院校建设中，教育厅、财政厅和学院举办方四川电信实业集团有限责任公司在政策、资金上大力支持学院的项目建设，加强对项目的指导、督促和检查，专项资金足额及时到位，总投入 6 328 万元，生均预算拨款 1.33 万元，达到省内本科院校拨款水平。学院创新办学体制机制取得显著成效，形成了行业主导、校企一体、融合共生的办学模式，组建了四川邮电产学合作委员会，实现了政行企校多方深度合作，坚持人才培养与社会服务“双轮驱动”发展战

略，全面推进内部管理运行机制改革，形成了“一元双轨”校内运行管理机制。学院重点专业建设紧贴通信与信息产业发展，完善了职前职后一体化的课程体系，形成了“四位一体”（人才培养、岗位培训、鉴定和认证、业务试验）实训基地建设模式。服务社会和行业企业的能力显著提升，三年来各类技术服务到款额超过9 000万元，为大数据平台提供了有力的高素质技术技能人才支撑。

3. 省级高职重点专业建设项目，强化专业内涵建设

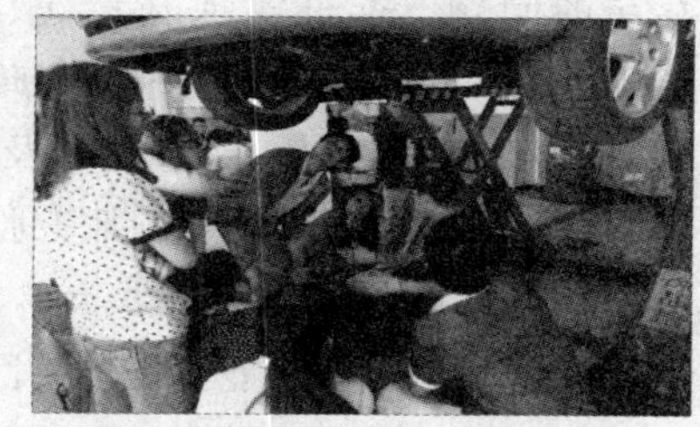

根据《四川省教育厅、四川省财政厅关于加强高等职业院校省级重点专业建设工作的通知》（川教函〔2014〕225号），2014年教育厅财政厅联合启动实施了省级高职院校重点专业建设项目，确定成都航空职业技术学院和成都纺织高等专科学校等41所院校的100个专业作为四川省2014年高职院校省级重点专业项目立项建设专业，按照“优化布局、强化特色、重点突破、提高质量、改革创新、示范引领”的要求，通过三年重点建设，努力建成一批能更好地满足四川社会经济建设需要、有效支撑产业发展的四川高职特色品牌专业，为四川省实施多点多极支撑发展战略、“两化”互动城乡统筹发展战略、创新驱动发展战略提供强有力的高素质技术技能人才支撑。2014年省财政专项资金已下拨7 200万元，2015年省财政专项资金已预算9 400万元。促进学校持续加强专业内涵建设，充分

发挥重点专业对专业群及学校全面发展的引领辐射作用，整体提升高职院校服务经济发展方式转变和现代产业体系建设的能力。

4. 职业教育实训基地建设项目，提升专业服务能力

四川继续推进中央财政支持的职业教育实训基地建设项目，组织开展2014年实训基地建设高职组项目申报、遴选工作。同时，为进一步加强对中央财政支持的职业教育实训基地项目的管理，总结项目建设经验和成效，发现并解决项目建设过程中存在的问题，推进实训基地建设计划顺利实施，启动了对2009—2011年立项建设的中央财政支持的职业教育实训基地高职组未完成项目的专项督查，以及2012年、2013年立项建设的中央财政支持的职业教育实训基地项目的中期检查工作。

（三）注重竞赛活动，扩大职教影响

1. 组织开展教师能力提升项目，促进教师专业发展

2014年，四川继续实施高等职业学校教师素质与教学能力提高计划。组织完成省级师资培训项目的评选、国家级师资培训项目遴选及推荐工作，确定了48个省级培训项目，获批国家级培训项目22个。在48个省级培训项目中，高职高专院校承担28项，占项目总数的58.33%。在28项省级高职高专项目中，院校培训16项、企业培训1项、企业顶岗8项、境外培训3项，包含电子信息、建筑、公路运输等15个培训方向。在22个国家级培训项目中，高职高专院校承担15项，占项目总数的68.18%。在15项国家级高职高专项目中，国内培训8项、企业顶岗培训7项，包含材料与能源、交通运输和制造等7个培训方向。组织开展高职院校教师培训工作，完成省级高职院校骨干教师培训800人，切实提高了教师的教学能力、实践能力和专业水平。

表1　四川高职高专院校教师素质与教学能力提高项目统计表

| 级　别 | 国家级 | | 省　级 | | | |
|---|---|---|---|---|---|---|
| 数　量 | 22项 | | 48项 | | | |
| 院　校 | 高职高专 | 其他 | 高职高专 | | 其他 | |
| 数　量 | 15项 | 7项 | 28项 | | 20项 | |
| 类　别 | 国内培训 | 企业顶岗 | 院校培训 | 企业培训 | 企业顶岗 | 境外培训 |
| 数　量 | 8项 | 7项 | 16项 | 16项 | 8项 | 3项 |

2. 借力信息化技术，促进教育教学改革

四川省教育厅组织开展了2014年四川高等职业院校信息化教学大赛。本次大赛共收到来自全省26所高职院校的178项参赛作品。其中，信息化教学设计124项、多媒体教学软件12项、网络课程27项、信息化课堂教学15项。通过网评和会评，共评选出67项作品入围决赛，其中信息化教学设计44项、多媒体教学软件2项、网络课程13项、信息化课堂教学8项。经过激烈比拼，共评选出成都航空职业技术学院等12所院校的30项参赛作品，分获信息化教学设计、网络课程、信息化课堂教学和多媒体教学软件4个赛项的一、二、三等奖；另有37项作品获“优胜奖”；四川交通职业技术学院等5所高职院校获“竞赛最佳组织奖”。

根据全国大赛的相关要求，省教育厅在省级决赛作品中遴选了12项优秀作品代表四川高职院校参加全国信息化教学大赛。2014年11月，在南京举办的2014年全国职业院校信息化教学大赛中，成都航空职业技术学院、成都纺织高等专科学校和四川工程职业技术学院参赛队分别获得高职组信息化教学设计比赛二等奖各1项，成都职业技术学院参赛队获得高职组信息化课堂教学比赛二等奖1项，四川获二等奖数量达到4项，取得历史性突破。

信息化教学大赛极大地调动了全省高职院校教师使用信息技术的积极性，促使教师能够较好地把握信息化教学的核心，提升信息化教学水平，切实达到了以赛促教、以赛代训、以赛促学、以赛促改的目的，促进了职业院校信息化教学的全面开展。

3. 开展学生竞赛活动，培养学生创新能力

为切实增强大学生的创新精神和实践能力，提高四川职业院校教育教学质量，省教育厅组织了2014年省级大学生竞赛项目申报工作，共收到赛项申报方案149份，其中本科组116份、专科组33份。经专家评审、教育厅审核，确定30个项目为2014年省级大学生竞赛项目，其中10项由四川财经职业学院、四川交通职业技术学院等8个高职高专院校承担，高职高专竞赛项目占项目总数的33.33%。根据《全国职业院校技能大赛三年规划（2013—2015年）》有关精神和四川职业院校技能大赛的工作安排，紧密结合职业教育改革发展进程，2014年顺利举办了四川高职院校会计技能大赛、四川高职院校汽车检测与维修技能大赛等10多项竞赛活动。系列竞赛活动的举办，培养了学生的创新意识，提升了学生运用综合知识的能力，展示了学生积极向上、奋发进取的精神风貌和熟练的职业技能。

案例9　我因竞赛而提高　竞赛因我而精彩

四川财经职业学院一直以来秉持“以赛促学”的思想，积极组织校内技能竞赛，形成了“我因竞赛而提高，竞赛因我而精彩”的竞赛文化。2012—2014年，在教育部与财政部联合主办的全国高职院校会计技能大赛中，四川财经职业学院会计专业四位选手在四川选拔赛中脱颖而出，代表四川参加全国高职院校会计技能大赛，并连续三年荣获全国大赛团体金奖第一名，实现了“三连冠”。

2014 年 7 月，在香港举行的国家级技能大赛“第三十八届亚洲发型化妆美甲大赛”中，四川国际标榜职业学院时尚设计系发型设计专业共派出 12 名选手代表中国参赛，分别参加了短发晚宴、潮流男发、潮流修剪 3 个项目的比赛，并获得冠军 1 项、亚军 2 项、季军 2 项及优胜奖。

（四）围绕职教体系构建，改善院校治理结构

1. 贯彻落实国家依法治教的精神，全面构建四川现代职业教育体系

根据《中共四川省委办公厅关于印发〈四川省依法治省 2014 年工作要点〉的通知》（川委办〔2014〕1 号）和《四川省人民政府办公厅关于印发四川省人民政府 2014 年度推进依法行政工作安排的通知》（川办发〔2014〕7 号）的要求，教育厅印发了《四川省教育厅 2014 年度推进依法治教工作安排》，着力破除依法治教的体制机制障碍，实现教育工作法制化、规范化和程序化。省教育厅组织实施《四川省〈中华人民共和国职业教育法〉实施办法》立法前期调研工作，配合国家做好《中华人民共和国职业教育法》的制定和修订工作。随着依法治校进程的大力推进，学校章程建设以及学校内部治理结构逐渐完善，依法办学成效凸显。

2014 年 8 月 14 日，根据《国务院关于加快发展现代职业教育的决定》（国发〔2014〕19 号）精神，省人民政府发布了《四川省人民政府关于加快发展现代职业教育的实施意见》（川府发〔2014〕48 号）（以下简称《意见》），明确提出了建设四川现代职业教育体系的目标任务。9 月 19 日，省人民政府在成都召开了全省职业教育工作会议，会议强调认真贯彻落实全国职业教育工作会议精神，加快构建现代职业教育体系。会后，省教育厅等六部门联合下发了《四川省现代职业教育体系列规

划（2014—2020年）》（以下简称《规划》），提出了构建四川现代职业教育体系的总体要求，明确了四川现代职业教育体系的建设内容和重点任务。《意见》的发布和《规划》的出台，完成了四川现代职业教育体系的顶层制度设计，指明了四川现代职业教育体系的发展方向，有力推动了四川由“职教大省”向“职教强省”迈进。

2. 加快共建国家职教试验区进程，深入推进高职教育领域综合改革

为落实党的十八届三中全会和省委十届四次全会精神，教育厅出台了《四川省教育厅关于深化教育领域综合改革的指导意见（2014—2020年）》，明确提出了完善职业教育产教融合制度的重点改革任务：加快建设现代职业教育体系，推进产教融合、校企合作、集团化办学；建立完善职业院校与行业企业人员互聘兼职、学生企业顶岗实习和课程联动开发等机制；推进职业院校面向行业企业开展技术研发和技术服务；研究探索普通高校、高职院校、成人高校之间学分转换制度等改革课题，到2020年基本建立多种形式学习成果的转换认定制度，构建终身学习“立交桥”。

为全面实施四川职教攻坚计划，2014年全省加快了共建“国家职业教育综合改革试验区”的进程。德阳市以国家高等职业教育综合改革试验区和四川职业教育改革发展示范区建设为引领，坚持政府统筹、全域试验、全面探索，全力推进职业教育综合改革，职教与产业融合进一步加深，职业院校发展水平进一步提升，服务经济社会发展能力进一步增强。目前，全市共有2所职教本科院校、5所高职学院、20所中职学校和技师学院参与示范区建设。职业院校在校学生共12万人，年毕业4万人，近三年就业率均在98%以上。

案例 10　产学研深度合作 高职教育纵深发展

四川工程职业技术学院坚定不移地服务区域经济建设，坚定不移地走产学研一体化发展道路，现已初步形成政、产、学、研一体格局，取得了令人瞩目的成绩。该院的产学研园区，作为国家高职综合改革试验区重点项目，实现了边建设边服务，目前已与中国二重联合建设大型模锻设备与产品工艺技术省级重点实验室，与东方汽轮机有限公司共建德阳装备业“云制造”服务中心网络平台，与中国航空材料研究院共建航空材料理化检测中心。

(五) 强化质量保障，提升发展水平

1. 队伍建设智力支撑

2014 年，高职高专师资队伍建设有序推进。高水平建设师资团队、多平台引进创新人才等项目的全面开展，大大提升了全省高职高专教师的科研能力、教学能力和实践能力，为高职高专院校发展注入了新的力量。同时，全省大力加强对管理队伍的治理与培养，管理队伍结构全面优化，管理人员的意识有了较大转变，管理水平大幅提升。

案例 11　高水平建设师资团队 多平台引进创新人才

“博士后创新实践基地”是高等学校、科研院所与企事业单位联合培养、使用高层次科技、管理人才，促进产学研相结合的一个重要载体。该基地的建设，不仅对高等院校、科研院所培养高端人才、提高科研水平具有里程碑式的意义，更对全省建设行业高层次人才的培养具有重要的意义。四川建筑职业技术学院是全省首家获准设立“博士后创新实践基地”的高职院校。目前，学院已建立了博士后创新实践基地的管理制度，先后与重庆大学、四川大学、西南交通大学等博士后科研流动站，签订了联合培养博士后人员的协议。乐山职业技术学院 2014 年被国家人力资源和社会保障部评为“国家高技能人才培训基地”，被四川省人力资源和社会保障厅批准为“博士后创新实践基地”。

2. 多元融资提供保障

《四川省人民政府关于加快发展现代职业教育的实施意见》明确指出，建立健全社会力量投入的激励政策，鼓励社会力量捐资兴办职业教育；完善财政贴息贷款、政府购买服务等政策，健全民办职业院校融资机制；探索利用国（境）外资金发展职业教育的途径。对办学质量高、社会效益好的民办职业院校，通过财政安排项目的方式给予扶持。同时，强调企业要依法履行职工教育培训的责任，并按职工工资总额的 1.5%~2.5%足额提取教育培训经费。

3. 数据平台科学管理

为了进一步提升高职高专院校人才培养工作的信息化水平和决策管理能力，教育厅转发了教育部《关于开展“2014 高等职业院校人才培养工作状态数据采集与管理平台”使用培训工作的通知》（教职成司函〔2014〕122 号），组织全省高职高专院校参加教育部职成司举办的“2014 年全国（西南片区）高职院校人才培养工作状态数据采集与管理平台”培训。2014 年，四川按照教育部的统一部署，不仅要求全省 57 所高职高专院校完成“高职院校人才培养工作状态数据采集与管理平台”的数据填报工作，还加强数据平台的采集、管理与分析工作，尤其在各个层面、各个领域加强对平台数据的分析与运用。在学校层面，通过对平台数据进行全面的、专业化的汇总、比较、分析，揭示出数据中蕴含的丰富信息，有助于学校准确把握自身办学状态，找准办学定位。同时，学校通过数据发现问题、分析问题、寻找对策，使其管理决策更加科学、客观、可信。对教育行政部门而言，通过平台及时、准确了解学校有关人才培养工作各个方面的大量的、直观的数据，不仅有助于其提高评估工作的效率、效度和科学化水平，而且通过对平台数据进行综合分析、达标分析、纵横向差异分析、对比分析、趋势分析等一系列工作，能够全面掌握全省高职院校的状态信息，不断完善和加强省级的宏观管理、科学管理，对于学校的指导、相关政策的出台也更加具有针对性和科学性。

同时，启用了“专升本录取信息平台”，进一步保证考试录取过程的公平、公开、公正。全省充分运用信息化数据平台进行质量监控，开放式、常态化的平台建设和管理制度逐步建立。

4. 以评促建规范办学

按照“以评促建、以评促改、以评促管、评建结合、重在建设”的方针，教育厅继续加强对高等职业院校的指导和管理。省教育厅组织召开了四川高等职业院校人才培养工作评估委员会会议，确定 2012 年、2013 年四川文化产业职业学院、四川中医药高等专科学校、四川城市职业学院的人才培养工作评估结论为通过；组织开展对四川现代职业学院和四川文化传媒职业学院人才培养工作的评估，并组织召开全省高职高专院校人才培养工作评估研讨会。通过院校评估工作，切实引导学校从自身实际出发，找准办学定位，明确服务方向，深化校企合作，加大教学投入，逐步形成以学校为核心、政府引导、社会参与的人才培养质量评价体系和评估机制，努力使院校形成自我约束、自我发展的长效机制，促进院校各项工作再上一个新的台阶。

## 三、成效贡献

2014年，全省高等职业教育工作扎实推进，高职高专院校办学质量获得显著提升，在学生成长、教研成果、区域发展、民生工程及特色贡献等方面均有较大突破，成效显著。

### （一）始终坚持立德树人，实现学生全面发展

立德树人是职业教育的根本任务，学生始终是职业教育的出发点和落脚点，实现学生的全面发展是全省高等职业教育发展的应有之义，更是全省高等职业教育发展的重要指导思想。全省高职高专院校在发展过程中，将立德树人贯穿于现代职业教育的全过程。培育和践行社会主义核心价值观，加强中华优秀传统文化教育和文化基础教育，把学生职业技能的提高和职业精神的培养高度融合，使学生具备敬业守信、精益求精的职业素养。

案例12　人文化育　德能并进

达州职业技术学院医学系2013级学生吴孟嵘年仅19岁，父亲身患多种疾病，卧床不起，家里的一切重担就压在吴孟嵘身上。但他从来没有灰心失望过，由于父亲患病，所以他选择从医，一心渴望能治愈父亲。他在学习方面非常刻苦，奋发图强；在做事情方面积极进取、稳固求实，受到同学的欢迎与老师的肯定。2013年12月，他被评为“四川好人”，2014年1月又被评为“中国好人”。

案例13　注重综合素质提升　促进学生全面发展

四川工程职业技术学院坚持育人为本、德育为先，把立德树人作为根本任务，加强社会主义核心价值观教育，促进学生德智体美全面发展。不断提高人才培养质量，在加强专业理论

知识和职业技能培养的同时，特别注重学生综合素质的提升，全校40余个学生团体每年开展理论教学2 000余学时、各类活动300余项，参与活动的学生有数万人次。2014年，该院男子足球队再次蝉联2013—2014年特步中国大学生足球联赛（校园组）冠军和四川省大学生足球联赛冠军。

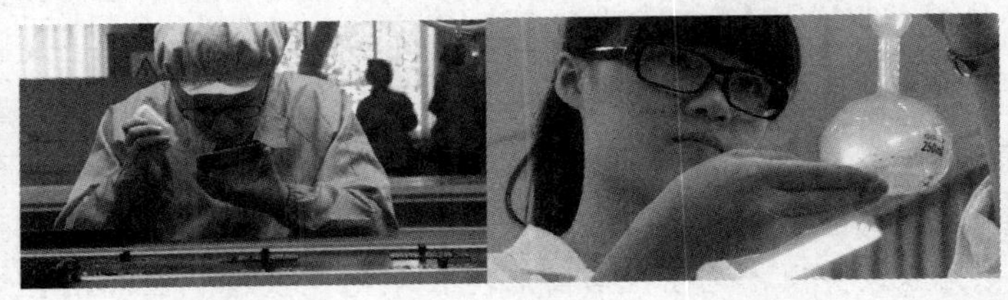

案例14　校园网络电视台　素质教育新举措

四川职业技术学院以“学生综合素质训育体系建设”项目为契机，组建了校园网络电视台，成为省内拥有校园网络电视台并经常开展影视文化活动首屈一指的高职院校。该院先后建成专业演播室3间，购置数字摄像机5台（其中专业级4台）、非线性编辑机4台，为校园网络电视台建设打下了坚实的物质基础。同时，学院根据自身发展需要，先后成立了策划组、摄制组、播音组和后制组等60余人的学生工作团队，为“新闻采编与制作”专业学生搭建了实践实习平台，为广大热爱网络电视传播事业的学生提供了施展才华的广阔舞台，也为校园网络电视台各项事业的发展提供了良好的人才保障。

（二）搭建高端教研平台，教学研究屡获佳绩

2014年，全省进一步深化高职教育改革，加强了以校企联合创新基地及重点实验室为代表的高端教研平台建设以及教研创新团队建设，推进高等职业教育内涵式发展，教学研究成效显著。在2014年职教类国家级教学成果奖评选中，四川荣获高等职业教育类二等奖9项（其中1项为跨省合作项目）。在四川

省第十六次社会科学优秀成果评奖活动中，高职高专院校同样荣获多项奖励，内容涉及职教发展史、职教模式及职教方法等多个方面。

**案例15　院校教学出成果　国家层面获表彰**

四川交通职业技术学院的“高职汽车运用技术专业‘三化两型’校企共育教学模式研究与实践”“基于高职学生职业成长规律的工学结合一体化课程改革与实践”“高职软件技术专业‘双平台-双主线’人才培养模式改革研究与实践”三个教学改革项目荣获国家职业教育教学成果二等奖。一个院校同时荣获三个国家级奖项，这在全国高职院校中绝无仅有。三个项目均以国家示范建设项目为依托，在专业建设、人才培养模式、课程体系构建等方面的改革所取得的经验、形成的成果，对高职教育教学改革具有较高的推广价值。

**案例16　课题研究出新意　学术成果铸辉煌**

四川高等职业教育研究中心是四川省教育厅人文社会科学重点研究基地和四川省社会科学重点研究基地，是四川唯一的以高等职业教育为研究对象的研究机构。四川高等职业教育研究中心组建课题组，经过一年多的攻坚克难，成功申报四川省哲学社会科学研究“十二五”规划2012年度科研课题(SC12E034号)“四川高等职业教育十年”。《四川高职十年史略》正是这一课题的研究成果，荣获四川省第十六次社会科学优秀成果二等奖。该书较全面、系统地厘清了四川高等职业教育十来年发展的历史足迹，提炼出了四川高等职业教育发展的主要路径和基本规律，是目前国内难得的区域性高等职业教育断代史研究性质的学术著作。

### （三）服务经济转型升级，促进四川区域发展

全省把发展职业教育放在更加突出的位置，充分认识到加

快发展职业教育是经济转型升级的迫切需要，是从根本上解决就业问题的重要途径，是推进四川区域发展的现实举措。全省紧紧围绕省委提出的“多点多级支撑、‘两化’互动统筹城乡和创新驱动”三大发展战略目标，以及省政府规划的五大高端成长性产业、五大新兴先导性服务业，全面调整职业教育布局结构，提升了职业教育服务地方经济发展方式转变和现代产业体系建设的能力。高职高专院校以社会需求为导向，立足服务经济转型升级，坚定不移地为区域、行业培养适应经济转型升级及社会公共服务需要的高素质技术技能人才，为地方经济社会建设输送了一大批高素质合格人才，进一步增强了其服务地方经济社会的能力，为地方经济社会的发展做出了应有的贡献，充分体现了高等职业教育服务区域经济社会的功能定位。

案例 17　对接基层需求　五方联动办学

为了培养一支“下得去、用得上、干得好、留得住”的高素质、实用型基层医疗卫生人才队伍，满足基层人民群众日益增长的医疗卫生服务需求，雅安职业技术学院充分发挥“政校行企外”五方联动办学体制中学院的主体作用，通过深入调研，积极向雅安市委市政府、市医改领导小组建言献策。经过有关部门商议，2012 年雅安市出台了《雅安市农村医学生定向招收培养工作实施方案》，按照“定向招生、定向培养、定向就业、政府补贴、学费返还、进入编制（乡编村用）”的原则，实施培养计划。从 2012 年开始，该院连续两年为雅安市基层卫生院和村卫生室培养了 400 名农村医学生。

案例 18　政校共生　和谐发展

四川建筑职业技术学院地处德阳市，德阳市在成功申报“100 个恢复力城市挑战”项目中获得了学院的大力协助，学院经济管理研究所与德阳市发改委、德阳市投资促进局共同完成了中英文申报材料的策划撰写工作。根据项目安排，德阳需承担的恢复力挑战主要包括以下三方面：经济转型升级、抵抗洪涝及其次生灾害、治理环境污染。在此期间，德阳也在金融创新、科技、基础设施、土地利用、社区和社会适应能力等领域获得全球合作伙伴的帮助。按照申报方案，李辉院长将受聘洛克菲勒基金会，出任该项目的“首席恢复官”（CRO）。

### （四）全面彰显职教公平，倾情关注社会民生

**教育是公平之基、民生之首，职业教育公平与民生是职业教育发展的关键所在。四川辖区面积广阔，自然地理、历史文化等原因导致偏远山区尤其是民族地区发展相对滞后。省政府制定的2014年民族地区民生工程计划中，就业与教育是重头与基础。全省继续实施职教攻坚计划，将职业教育、民族教育作为全省民生工程的重要突破口。**

案例19 关心少数民族 推动和谐发展

2014年，全省共有12所高职高专院校进行了藏区“9+3”毕业生招生试点工作，涉及专业32个，共有551名学生参考，最终录取420名学生，录取率为76.23%。“9+3”计划已经成为教育改革的重大实验项目，是民族地区教育发展的新模式。“9+3”计划及“9+3”对口高职招生的全面推行，保证了少数民族学生享有平等的受教育权，并进一步通过技能与素质的提升实现顺利就业。这一教育模式学生满意、家长拥护，不仅在全省职业教育改革中发挥了示范和引领作用，更全面彰显了社会公平与正义，助推了社会民生的系统改善。

案例20 关注社会基层 推进民生工程

泸州职业技术学院是首批“四川省统计教育培训基地”“四川省创业培训定点机构”“泸州市高技能人才培训基地”，学院

重点专业（群）先后开展了村干部培训、军警培训、老少边穷地区职业技能培训、农村转移劳动力培训等6 306人次。

（五）凸显文化传承功能，特色贡献成效显著

四川拥有491万少数民族人口，56个民族均有分布，其中有14个世居少数民族，是全国最大的彝族聚居区、唯一的羌族聚居区和第二大藏区，众多少数民族孕育了多彩的民族文化和地域文化。作为民族文化传承的重要载体，高职高专院校充分发挥了民族文化传承的基础性作用。2013年，四川艺术职业学院的川剧表演专业，成功入选首批全国职业院校民族文化传承与创新示范专业点。2014年，地处民族地区的高职高专院校以传承民族文化为己任，充分挖掘丰富多彩的民族文化资源，开发本土民族文化课程，服务特色文化产业，实现民族文化的传承与创新。

案例21　打造夏布文化产业链　推动文化遗产传承创新

夏布是中华民族迈入人类文明的标志，是国家非物质文化遗产。文化创新是国家非物质文化遗产最好的生产性保护。内江职业技术学院的国家原创性科技发明专利，成为夏布文化产业链打造的核心技术。该校开设的中国夏布专业为打造夏布文

化产业链、服务地方经济做出了显著贡献。夏布文化产业链实现年产值 11.9 亿元，解决了 20 万人的就业。其中 0.3 万亩（200 万平方米）中国书画夏布优质苎麻种植基地建设可实现年产值 3 000 万元，100 万斤中国书画夏布优质麻丝基地建设可实现年产值 2 亿元，20 万匹夏布的生产基地建设实现年产值 3.2 亿元，20 万匹夏布深加工可为中国书画夏布实现年产值 6.4 亿元。

案例 22　挖掘利用文化资源　传承弘扬民族文化

阿坝师范高等专科学校位于藏羌彝文化走廊的中间地带。这里民族文化艺术资源丰富多彩。学校以传承弘扬民族文化为宗旨，以民族大团结和民族大融合为主线，以提高学生人文素养和综合素质为目的，着力于藏羌民族文化的传承与创新，积极构建特色课程，推动本土民族文化艺术的课堂化。学校先后开设了藏羌民族文化概论、羌族文化与文艺、藏羌歌舞等公共选修课，在音、体、美等专业开设藏羌民族舞蹈、藏羌旅游工艺品设计与制作、藏族祥巴（版画）、羌族刺绣、民族传统体育等课程，推动民族文化艺术教育课堂化。

## 四、问题展望

2014 年，全省高等职业教育取得了长足发展，迈上了新的台阶，成绩喜人。然而，仍存在一些制约全省高职教育发展的现实因素，全省高职教育仍有一定的发展空间。对此，应准确把握当前形势，全面转变思想认识，多方位寻求突破路径。

### （一）问题反思

四川高职教育在总体上稳中求进，取得了一系列的成绩，但同时应该关注改革发展中存在的一些问题。

#### 1. 院校数量不足

从纵向看，四川高职院校数量的增长基本适应了经济社会发展所需，但从横向比较发现，全国范围内平均每千万人口约有9.3所高职院校，而四川平均每千万人口仅有6.9所高职院校，低于全国平均水平。同时，在院校绝对数上，四川高职（高专）院校数量与广东、河南、山东、江苏等人口大省相比存在较大的差距，广东、山东和江苏的高职院校数均达80所以上，而四川仅有57所，相差20余所。

2. 院校分布不均

全省半数的高职院校集中于人口最多的省会成都市；其次集中于德阳市（4所）和绵阳市（5所）；攀枝花、南充、宜宾、达州，人口数量均在400万以上，但都仅有1所高职院校；拥有450万人口的凉山州，一个依托水电、矿产、烟叶等工业发展的地域，却没有设立高职院校。可以看出，高职院校的院校布局与地域人口密度的现状不匹配，不能完全满足民生和经济发展对高等职业教育的需求。

3. 教育投入不足，生均资源不足

四川全日制高职（专科）在校生57.92万人，校均学生人数达到10 000人。尽管2014年四川的财政投入到高职教育中的资金较2013年有较大增长，并呈逐年上升趋势，但四川其他地市州政府的财政投入力度不够。一些行业、企业对所办院校的投资不够，加之四川高职院校庞大的办学规模也摊薄了财政的教育投入，导致四川高职院校的生均用房、生均设备值、生均图书等办学基本条件在全国排名靠后，对教学质量造成了一定的影响。

4. 专业布局滞后

一方面全省的专业布局对接新兴产业的敏感度较低。从国家发改委2010年公布的七大新兴产业（节能环保产业、新能源产业、新兴信息产业、生物产业、高端装备制造业、新材料产业、新能源汽车产业）看，四川高职院校开设的专业中仅有极少数的专业涉及七大新兴产业，还有很多领域没有涉足，即使涉及新兴产业的专业在校生人数也偏少。另一方面，在专业布局上对接传统产业如计算机、旅游等产业的专业又出现结构性过剩，一些投入成本低的专业院校覆盖面较高，如物流管理、旅游管理和计算机应用技术、软件测试、工程造价等专业均同时在20所以上的院校同时开设。

为此，根据新的形势要求，面对存在的困难，必须要着眼经济社会发展和现代产业体系建立的需要，围绕产业结构调整和经济增长方式转变，调结构，谋发展，促改革，提质量，不断创新技术技能型人才培养的途径和模式，不断提升服务经济社会发展的能力。

### （二）愿景展望

#### 1. 准确把握形势，统一思想认识

加快发展现代职业教育是党中央、国务院做出的重大战略决策。《国务院关于加快发展现代职业教育的决定》明确了职业教育的地位作用、办学方向、目标任务、改革重点，为今后一个时期职业教育的改革和发展指明了方向。2014年，省政府出台了《四川省人民政府关于加快发展现代职业教育的实施意见》，省教育厅等六部门联合出台了《四川省现代职业教育体系建设规划（2014—2020年）》，四川职业教育迎来了最好的发展时期。全省高职院校要全面贯彻党中央、国务院和省委、省政府的重要战略部署，认真落实全国、全省职业教育工作会议精神，自觉肩负起加快发展现代职业教育的责任和使命，深刻认识，抢抓机遇，改革创新，爬坡攻坚，努力推进四川职业教育发展再上新台阶。

#### 2. 明确发展定位，凸显改革特色

四川紧紧围绕构建现代职业教育体系的要求，大力推进职业教育改革创新发展；全面贯彻国家关于专业设置和课程开发

的有关规定，建立专业教学标准和职业标准联动开发机制；积极对接地方产业发展规划，建立产业结构调整驱动专业改革机制和产业技术进步驱动课程改革机制，形成对接紧密、特色鲜明、动态调整的职业教育专业布局和课程体系；加强分类指导，完善高职院校人才培养工作评估制度，着力加强人才培养模式改革和专业内涵建设，保障和提升高等职业教育发展质量；积极建立适应市场需求、服务产业升级、促进就业发展、产教融合、职普互通，体现终身教育理念的四川现代职业教育体系。

3. 引导广泛参与，探索多元路径

健全政府补贴、购买服务、助学贷款、基金奖励、捐资激励等制度，因地制宜地采取多样化政策措施，激发社会力量参与高等职业教育办学的活力，引导社会资金以多种方式进入教育领域，支持民办高等职业教育事业发展。充分发挥企业的办学主体作用，推动企业依法举办或参与举办职业教育，多种形式支持企业与职业院校共建共享生产性实训基地、产品研发中心、科技创新中心。实施校企合作的职业教育集团建设计划，引导大中型企业、规模以上行业的龙头企业、示范职业院校建立多样化职业教育集团。鼓励行业、企业等社会力量发挥指导作用，逐步形成以政府办学为主体、全社会积极参与、公办教育和民办教育共同发展的多元化格局。

4. 完善院校治理，建立现代职教

认真落实《高等学校章程制定暂行办法》，推动职业院校依法制定章程和制度，完善治理结构，建立绩效考核内部分配机制，健全自主管理、民主监督、社会参与的现代大学治理结构。落实党委领导下的校长负责制，提升学校科学决策、战略规划和资源整合能力。落实职业院校在专业设置、人事管理、教师评聘、收入分配等方面的办学自主权，推动学校面向市场自主办学。探索建立有办学相关方代表参加的理事会或董事会机构，发挥咨询、协商、议事与监督作用。探索设立校级学术委员会，作为校内最高学术机构，发挥在专业建设、学术评价、学术发展和学风建设等方面的重要作用。探索建立校级专业指导委员会，指导和促进专业建设和教学改革。

5. 强化保障体系，推动管理创新

落实政府和部门职责，制定加快发展现代职业教育的地方性法规体系。完善分级管理、地方为主、政府统筹、社会参与的管理体制。推进管理机制创新，将高等职业教育纳入地方经济社会和产业发展规划，统筹区域经济社会发展与高等职业院校布局。完善财政性职业教育经费投入机制，依法制定财政生均经费拨款标准，并将其纳入本级公共财政预算予以保障。加强民族地区职业教育发展，科学规划学校布局，提升服务当地经济社会发展的能力。进一步健全职业院校毕业生就业保障政策，积极创造平等就业环境，消除影响职业院校毕业生平等就业的制度障碍和歧视。大力宣传教育政策、典型经验、先进事迹和重要贡献，为高等职业教育健康发展营造良好环境。

# 四川省高等职业教育质量年度报告（2014）

四川是中国重要的经济、军事、工业、农业、旅游、文化大省，2012 年实现地区生产总值 23 849.8 亿元，位居西部第一，全国第八，以成渝为主体的经济圈（成渝经济圈）正成为中国第四大经济增长极。未来十年，是四川深入实施西部大开发战略、全面建成小康社会的关键时期，也是四川实施工业强省战略，加快成渝经济区建设和天府新区建设的重要时期，无论是建设实体经济、转变经济发展方式和调整产业结构，还是城乡统筹协调科学发展，都迫切需要数量充足、结构合理的技术技能型人才。2013 年，四川高等职业教育以科学发展观为指导，加大投入，创新机制，深化改革，拓展资源，办学条件大大改善，专业结构持续调整优化，人才培养质量稳步提高，服务经济社会能力显著增强，初步形成了“政府统筹、社会参与、校企合作、各级职业教育相互衔接、公办与民办职业教育协调发展、全日制职业教育与灵活多样的职业培训并举”的多元办学格局和体制，全面推进了四川高等职业教育事业的持续健康发展。

## 一、发展概况

### （一）院校发展

2013 年，全省有高职高专院校 55 所，较 2012 年增加 3 所（见图 1）；高职高专院校总数占普通高等学校总数（105 所）的 52.4%（见图 2）；国家示范和骨干高职院校 11 所，省级示范高职院校 14 所，省级示范高职培育院校 5 所；国家示范（骨干）、省级示范高职院校占全省高职院校的 44.6%。55 所高职院校中，省教育厅属4所，省级其他部门属15所，市州属16所，企业属2所，民办18所。四川逐步完善了政府主导、校企合作、充分发挥行业作用、社会力量积极参与、公办与民办共同发展的多元办学格局。

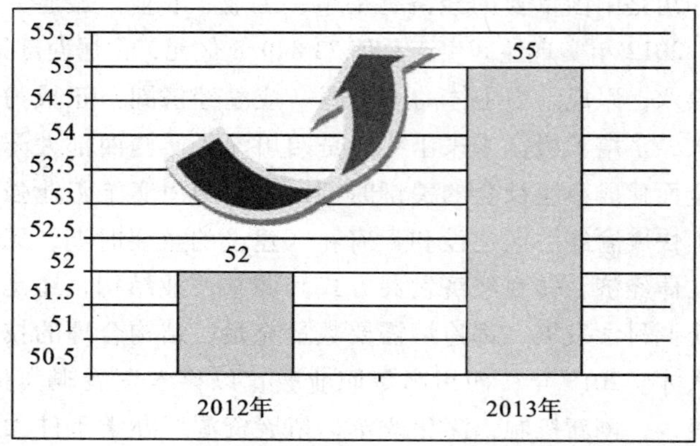


图1　高职高专院校较上年有所增加

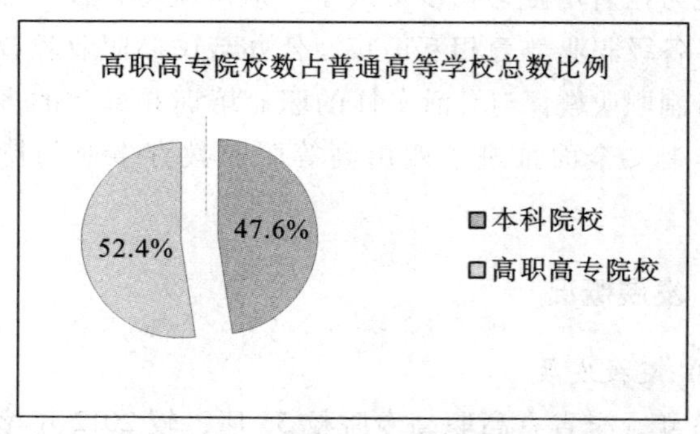


图2　高职高专院校数占普通高等学校总数的比例

目前，四川高职高专院校已在省辖21个市（州）中的19个市（州）布点，其中，3个自治州中阿坝州已设有高职高专院校。55所高职高专院校中有28所高职院校位于省会城市成都，有27所高职院校位于地市州，其中1所位于民族地区。高职教育的广泛与集中并存的布局既能满足产业集中地区对大量高端技术技能型人才的需求，也能满足各地区域经济社会发展的需要，同时对于促进民族地区经济发展和社会和谐稳定也起到了至关重要的作用。

（二）专业发展

四川高等职业院校不断调整优化专业结构，大力提升专业服务产业发展的能力，整体提高办学水平和人才培养质量，为四川经济社会发展提供了强有力的人才和智力支撑。2013年全省共新增208个专科专业，其中，42所独立设置的高职高专院校新增162个专业，占新增专业总数的77.88%。目前，55所独立设置的高职高专院校共开设有76个二级类、552种专业，其中目录内专业451种，目录外专业101种，专业布点3 183个，平均校设专业58个，分别覆盖教育部高职专业目录二级类的95.59%、专业总数的83%。

2013年11月，四川省教育厅、财政厅根据《教育部办公厅、财政部办公厅关于做好高等职业学校提升专业服务产业发展能力项目验收工作的通知》（教职成厅函〔2013〕26号）的要求，认真组织开展专业项目的省级验收工作，经过网络评审、现场检查和会议评审等验收程序，确定37所院校的74个专业省级验收结论为"通过"，通过比例为93.67%；3所院校的5个专业省级验收结论为"暂缓通过"。中央财政支持高等职业学校提升专业服务产业发展能力项目的实施，显著改善了四川省39所院校相关专业的办学条件和办学环境，推动各专业在"推进校企对接、探索系统培养、强化实践育人、转变培养方式、加强团队建设、实施第三方评价"等方面的建设取得好的成效，并辐射相关专业发展，显著提升了专业服务四川主导产业发展和地方经济建设的能力，为四川产业发展和经济建设培养了一大批高端技术技能型人才，达到了预期建设目标。

（三）学生发展

1. 总体规模

目前，四川全日制高职（专科）在校生 50.97 万人，占高等教育在校生总数的 41.65%。2013 年，全省高职院校招收本地（院校所在地）生源近 7 万人，占招收人数总量的 49.07%，本地生源报到率平均为 78.91%。

2. 技能大赛

2013 年，四川组织 31 所高校的 190 名选手代表四川参加 2013 年全国职业院校技能大赛，获一等奖 5 项、二等奖 8 项、三等奖 28 项，总成绩名列西部前茅。同时，四川积极组织省级技能大赛。2013 年，四川省教育厅积极组织与支持了四川高职院校工程造价技能大赛、四川高职院校物联网应用技术大赛等 9 项省级技能大赛。2013 年省级大学生技能竞赛体现了四川现代产业体系建设的需要和战略性新兴产业的发展方向，秉承公益性、统一性、专门化原则，坚持学生主体、专家主导、社会参与，促进大学生创新精神和实践能力的培养，进一步扩大了大学生技能竞赛的专业覆盖面和社会参与面，完善了制度建设，提升了组织水平，扩大了社会影响与合作。同时，四川十分重视校内学生技能大赛，使学生的专业技能整体水平不断提高。

案例 1　技能大赛搭台，技能水平闪光

四川国际标榜职业学院学生胡已雪在“第 42 届世界技能大赛”上获得亚军，这是迄今为止我国在世界技能大赛上获得的最高奖项。

四川交通职业技术学院学生代表队在全国职业院校技能大

赛（高职组）“一汽—大众”杯“汽车检测与维修”赛项中，从来自全国29个省、自治区、直辖市的59支高职院校参赛队、236名参赛队员中脱颖而出，勇夺“汽车检测与维修”赛项（高职组）综合技能团体综合一等奖、“汽车电气系统检修”团体单项一等奖、“汽车故障诊断”团体单项二等奖、“自动变速器拆装与检测”团体单项二等奖。这是继2010年后，该院代表队第二次荣获团体一等奖。

3. 就业状况

截至2013年8月底，全省高职高专毕业生15.4万余人，就业率达到89.30%，比2012年同期增加就业人数25 338人，增长0.07个百分点。高职高专就业率高出研究生就业率5个百分点（84.19%），高出本科生就业率近6个百分点（83.81%）（如图3所示）。2013年，全省高职院校毕业生半年后工作与专业相关度平均达到72.85%；毕业生半年后月收入平均为2 684元。

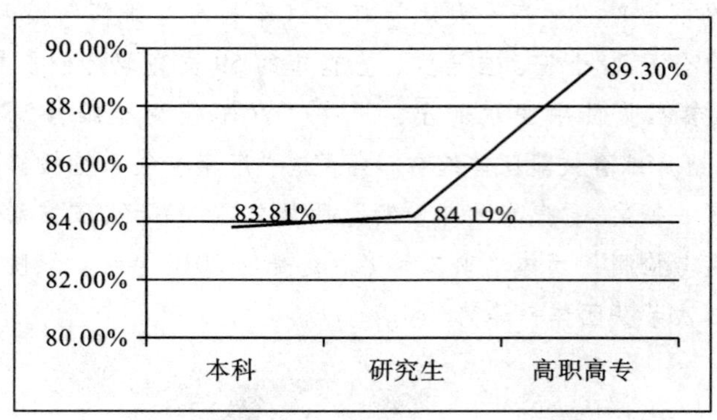


**图3 高职高专与本科生、研究生就业率比较**

案例2 就业率和报到率“双高”，高职吸引力剧增

成都航空职业技术学院2013年发出录取通知书4 342张，实际报到3 761人，报到率86.62%，这个数据让学院备受鼓舞。高就业率催生高报到率。前些年，由于本科扩招，直接挤压了专科学校的招生空间，一提起报到率，很多高职高专学校领导都讳莫如深，有的甚至将报到率定为“内部机密”。原因在于部分学生收到录取通知书后却不来报到。不来报到的理由，要么复读，重新参加第二年高考，目标是本科院校；要么觉得读专科没劲，不如直接外出打工挣钱。因此，高职高专院校报到率普遍不及本科高，个别学校的报到率甚至不到60%。但从四川工程职业技术学院、成都纺织高专、成都航空职业技术学院等国家级示范、骨干高职高专大一新生报到注册情况看，学生报到率普遍超过85%，部分专业甚至超过90%。值得一提的是，这些高职高专院校学生报读踊跃，其中不少是分数线上了二本、三本的学生。2013年，四川工程职业技术学院在川招收2 809人，川籍考生中20.47%的考生的高考分数超过本科线；四川建筑职业技术学院2013年录取达到二本省控线的高职学生522人，

占录取总数的9.4%。

（四）社会服务

人才培养、科学研究、社会服务、文化传承与创新是高等教育的四大功能。以招收当地生源为主的高职院校，在地方政府和产业部门的统筹下找到了施展身手的更大空间。

1. 承担培训

2013年，全省高职高专院校借助200多个职业技能鉴定机构，完成近7万人次（不含学生）的职业技能鉴定，为行业企业员工的入职和可持续发展提供了平台；部分高职高专院校已与行业、企业合作出资共建员工技术培训中心，支撑企业新技术培训和员工职业发展；还有部分学校已成立具有独立法人资格的培训公司，极大地激活了学校服务行业、企业、市场的潜力。2013年，全省高职院校面向社会完成了企业培训16万余人次、行业培训14万余人次、社会培训23万余人次的培训量，成为实现人才的可持续发展和构建终身教育体系不可或缺的组成部分。

案例3　坚持职教为民，主动承担培训

四川财经职业技术学院2013年为四川省财政系统、税务系统、教育系统、金融系统、会计师事务所、审计师事务所、地震灾区、中国石油公司西南油气田分公司、用友集团、徽记食品股份有限公司等行业和单位提供订单培训、定向培训、定岗培训课程，共培训财政人员、税务人员、中等职业学校会计师资、会计人员及企业员工5 000余人次。

四川工程职业技术学院坚持职教为民，认真履行社会责任，2013年为企业员工、待就业人员、中小企业管理者、技术员、中小学教师、基层干部等组织了管理、技术、技能等形式多样的培训，培训人员近2万人次，为四川经济建设和社会发展发挥了积极作用。

2. 科技服务

四川高职院校充分发挥自身的技术优势，面向社会开展科技服务项目。2013 年，全省高职院校争取纵向科研项目经费达 3 600 余万元，其中来自行业主管部门的经费为 2 400 余万元；全省高职院校全年横向科研项目的合同金额近 6 000 万元，其中到账经费 4 000 余万元，经费到账率为 71.18%；实现单个合同金额最高为 220 万元；全年实现科技服务产值近 6 000 万元，成为科技服务创新的生力军。

案例 4　打造产业链，服务行业发展

内江职业技术学院与温州天坤投资集团、福州万晟投资集团、广西中大投资集团、香港经纬国际会展有限公司、香港联合出版社集古斋、上海大学中国艺术产业研究院等联合打造中国夏布文化产业链。一、二产业链形成后，可实现年产值 11.9 亿元，解决 20 万人的就业。

四川国际标榜职业学院的校办产业，为影视行业生产头饰、假发等产品，年产值过亿元。

四川交通职业技术学院与省交通运输厅质检局、捷途交通科技共建高速公路机电设备检测中心，与深圳瑞谱斯科技有限公司合作共建智能交通电子产品自动化生产线 2 条，服务全省高速公路机电系统建设，智能交通电子设备生产能力达到 3 万套/年，年产值达到 500 万元，为四川交通信息化提供了良好的硬件支撑。

## 二、改革举措

（一）政府引导聚力

1. 体制机制改革活力四射

（1）体制改革试点持续推进

根据《关于开展国家教育体制改革试点的通知》（国办发〔2010〕48号）要求改革职业教育办学模式，构建现代职业教育体系，改革人才培养模式，提高高等教育人才培养质量的精神，四川鼓励高职院校建立健全政府主导、行业指导、企业参与的办学体制机制，创新政府、行业及社会各方面分担职业教育基础能力建设机制，推进校企合作制度化，以校企合作体制机制创新为重点，深入推进办学体制和运行机制改革，积极探索地方政府与行业企业共建高等职业院校的新模式。四川教育体制改革试点项目“构建终身教育体系与人才培养‘立交桥’，全面提升职业院校社会服务能力”项目自立项以来，经过两年多的建设，大力推动人才培养方案制订、专业设置、课程教材建设、实验实训实践实习基地建设、师资与管理队伍建设、评价保障体系建设等多方面的“一体化”建设，着力突破现行招生办学的政策限制，试点并推广“素养+素质+技能”的考核评价方式，在中高职，包括应用型本科阶段，成人教育和普通教育、学校教育和社会教育、职前教育和职后教育衔接融合的职业教育人才培养“立交桥”的构建上已见雏形。

案例5　多方共建共享，实现共赢发展

四川工程职业技术学院作为“德阳高等职业教育综合改革试验区”的承建单位之一，在四川省经济和信息化委员会，德阳市委、市政府的领导下，规划497亩（约33.13万平方米）地，计划投入6亿元，通过“省市共建、校企合作”建设“四川工程产学研园”，建立人才培养、技术服务、科技创新和大学生创新创业等协同服务体系，不断探索提升人才培养质量、增强服务社会能力的新途径，逐渐形成共建共享的职业教育改革发展模式。目前，四川省经济与信息化委员会在学校设立了四川装备制造产业集群技术创新服务中心，四川机械工业电气、数控、焊接技术应用与培训中心，德阳市装备制造产业集群“窗口”服务平台，德阳市中小企业“窗口”服务平台。德阳市在学校设立了德阳市机械制造技术研究中心、国家综合性职业教育实训基地（区域综合型实训基地）。学校还与东电研试中心、启林实业、智科电子和德阳汉龙联合成立研试中心。省、市专项投入达2.3亿元，企业项目支持达1 731万元。

（2）招生制度改革特色渐出

继续推进单独招生工作。2013年，四川实施高职单独招生考试的院校进一步扩大、规模进一步增长，省内外共有23所学校在川进行高职单招试点（其中省内21所，省外2所），共安排307个专业9 835名招生计划，实际录取9 043人（不含录取“9+3”毕业生543人），其中普通类考生5 329人、对口类考生3 524人、艺术类考生190人，实际录取人数较上年（6 931人）增加了2 112人，增加了30.5%。其中，录取中职毕业生占38.89%。这些举措切实推进了中高职的衔接，推动了人才培养“立交桥”的构建。

积极探索职教特色招考形式。2013年四川主要在两个方面进行了“文化知识+专业技能”考试招生形式的探索和试点：一是在招收中等职业学校毕业生的职教师资和高职班对口招生考试中，旅游服务二类和轻纺食品类专业综合课实行专业技能考试，考试成绩计入总分参加录取；二是在高职单招中部分院校在“文化知识+专业技能”考试招生形式方面进行了积极的探索和改革。

规范中高职贯通的招生办法。2013 年，四川继续开展五年一贯制招生工作，并由省统一管理，其招生规模由省发改委、省教育厅下达，省教育考试院向社会公布。在确定各市州的五年一贯制录取控制分数线后，由省教育考试院统一组织录取。录取工作分两个阶段进行：师范类参加第一阶段录取，非师范类参加第二阶段录取。经省教育考试院统一录取后的五年一贯制学生通过三年中职学习后，参加由学校按省教育厅相关规定进行的综合考核，考核合格的考生转录进专科段学习，考核不合格的考生一律不予转录。2013 年，全省招收五年制高职（含“3+2”）转段学生共计 11 505 人。

实施技能拔尖人才免试招生。四川从 2013 年起，在校期间参加全国职业院校技能大赛获得一、二、三等奖和全省职业院校技能大赛获得一等奖的中职、高职毕业生，毕业时可分别向相关的高职、本科院校提出申请，由学校组织考核，认定合格者录入相关专业，不再参加高考和专升本考试。

（3）职业教育集团蓬勃发展

四川坚持遵循职业教育规律和高端技术技能型人才培养规律，支持和鼓励行业、企业等社会力量参与高职院校办学，政、行、企、校多方联动，扩大优质教育资源，提高高职院校的办学效益，探索创新产教联盟、职教集团等具有职教特性的办学机制，为高职教育发展注入新的活力。截至 2013 年，全省共有 24 所高职院校牵头建立了 38 个职教集团或产教联盟，其成员单位涉及政府部门（165 个）、行业协会（75 个）、企业（787 个）、科研机构（43 个）等主体，极大地提升了全省高职院校的资源整合能力。

案例 6　政校企抱团发展，聚力满足产业需求

成都职业技术学院充分发挥政府办学优势，与企业、学校抱团合作，成立了成都旅游职教集团。该集团现有成员单位 66 家，其中知名旅游企业 32 家（包括雅高酒店集团、洲际酒店集团等国际一流的酒店集团公司，也包括成都文旅集团、香港永安旅游集团等区域骨干旅游企业）、中高职旅游类院校 34 所。成都旅游职教集团每年定期发布成都旅游人才供求白皮书和中高职衔接能力 KPI 评估指数。通过体制创新、项目驱动，成都旅游职教集团为成都重点发展的旅游产业提供了高素质技术技能人才支撑和智力支持。

2. 质量保障体系多方给力

（1）人力保障——师资队伍培养

截至 2013 年，全省高职院校已培养 7 名国家级教学名师、46 名省级教学名师，6 个国家级教学团队、74 个省级教学团队；全省国家示范、国家骨干和省级示范院校（25 所）的双师素质专任教师比例达 60.78%，具有高职特色的高职教师培养体系逐渐建立。

借力普通本科院校，拓展师资培训渠道。基于普通本科院校师资培养的资源优势，四川在全省普通本科院校中建立了 16 个省级高校教师教学发展示范中心，将高职院校教师纳入培养和培训对象，帮助高职院校教师在更高的培养平台上快速成长。2013 年，四川已依托四川师范大学开展了高职院校学前教育专业骨干教师培训，依托泸州医学院开展了药学骨干教师培训班，依托西南财经大学开展了高职院校教师科研创新高级研修班，

200余名高职院校教师从中受益。

获批教育部教师队伍建设示范项目立项。2013年，四川省教育厅的“建立完善教师发展中心 提升中青年教师专业与教学水平”和“创新高等职业教育培训制度 政行企校共建双师型教师培训体系”两个项目获批教育部教师队伍建设示范项目立项。这两个项目的建设实施方案已经教育部批准在网上公示。

开展国家和省级高职院校骨干教师培训。2013年，四川共完成1 106名高职院校骨干教师培训，其中国培286名，省培820名；组织实施了首批赴德“省培计划”，完成了高等职业院校管理干部及专业骨干教师赴新加坡培训项目检查验收工作。

案例7　实施师资培训项目，开阔院校国际视野

四川省教育厅与淡马锡基金会-南洋理工学院合作的职业教育能力发展与培训项目，自2011年3月实施以来，面向全省52所项目院校，分2年10个班，共225人参加了培训。其中中职项目学校24所、高职项目学校28所，参加了4个校长培训班和5个专业负责人培训班，同时，遴选职教行政管理人员参加了1个职教行政管理培训班。项目的实施带动了全省高职院校职教理念的更新和教学改革。据初步统计，参培项目学校在项目实施过程中进行了400余项改革。

（2）经费保障——生均经费落实

2013年，四川省财政厅、四川省教育厅联合启动了制定“四川省高等职业教育学校财政生均拨款标准”的调研工作，根据区域财力状况和学校类型，选择绵阳市、乐山市、达州市和省属四川水利职业技术学院进行调研。本次调研采取召开座谈会和统计分析相关数据的方法进行，科学制定全省高等职业学校财政生均拨款标准，更好地促进四川高职教育科学发展。2012年，全省高职院校生均财政性拨款已达到8 270元，其中，

省教育厅属高职院校生均拨款21 799元（含土地出让等纳入预算内管理的收入），其他厅属高职院校生均拨款8 290元，市州属高职院校生均拨款7 990元。

案例8　政府履职承诺，引领院校发展

内江市政府把“内江职业技术学院建成省级示范性高职学院”纳入了《内江市国民经济和社会发展第十二个五年规划纲要》，成立了以分管副市长为组长的内江市创建省级示范性高职院校工作领导小组；2012年生均拨款比2011年增长了63.17%。杨松柏市长最近批示：“要尽快使内江职业技术学院生均预算内教育事业费支出达到规定标准和全省平均水平。”

（3）质量保障——人才培养评估

《国家中长期教育改革和发展规划纲要（2010—2020年）》提出，要引导学校分类定位、特色发展。制定分类发展规划，分类管理、分类指导、分类配置资源、分类考核评估，分类合理定位，鼓励不同类型的高校在不同层次、不同领域办出特色、争创一流。开展高等职业院校人才培养工作评估，既是促进建设、加强管理、深化改革、提高质量的一项重要举措，也是经济社会发展和高职院校自身建设、改革和发展的需要。

四川省教育厅领导高度重视新方案的评估，从制订评估计划、组织研究新评估方案、整合社会资源、制定本省评估实施细则和操作规程、全程参与评估过程等，努力创建促进以学校为核心、教育行政部门为引导、社会参与，协力建设教学质量保障体系的新局面。目前，四川55所高职高专院校中有26所学校通过了第一轮水平评估，到2013年年底，已有16所院校接受了基于新评估方案的人才培养工作的评估，有力促进四川相关院校进一步转变教育观念、明确办学思想、加大教育投入、加强教学建设、深化教学改革、规范教学管理、提高人才培养质量。

案例9　评估工作切实给力，以评促建效果显著

四川司法警官职业学院人才培养工作评估体会："评估实际上是对一个学院体现整体办学实力的办学指导思想、师资队伍建设、办学基础与条件、教学改革与建设、人才培养质量、科学研究水平、管理水平等情况的全面系统的考察与评鉴。专家组对我院人才培养工作的评估过程是客观公正的，指出的问题和提出的建议、意见是科学、中肯的。专家组的工作态度是严谨的，工作作风是务实的。评估工作对于学院下一步科学办学、规范管理、改革发展和提高质量都具有重要作用。只要是评估方案中规定的要求和项目，通过以评促建，就会化为学院自觉的认识和行动。我们切身感受到，评估不是一个负担，而是一个机遇。评与不评大不一样，评估指标体系就是如何搞好学院教学工作的基本教学规范。没有评估，学院就不可能出现今天这样巨大的变化。通过评建工作，学院办学思路更加清晰，教学工作的中心地位更加突出，教学投入得到增加，办学条件得到改善，管理得到规范和加强，学院各部门、各项工作都能够为教学服务，学生成为最大的受益者。我院通过人才培养工作评估，结合专家组提出的问题，在制度建设、人才培养模式、实验实训设施等软硬件方面都将有一个质的飞跃，对学院未来发展必将产生深远而积极的影响。"

（4）信息保障——数据平台建设

2013年，全省高职院校运用信息化数据平台进行质量监控的能力增强，开放式、常态化的质量分析制度基本建立。全省55所高职院校中，除3所新建院校外的52所院校均建立了人才培养工作状态数据平台，覆盖率达94.5%。

3. 质量工程建设高位求进

（1）推动课程建设水平整体提升

2013年，四川继续推进精品资源共享课建设，经各高校推荐、专家评审、网上公示、教育厅审定，决定批准本年度精品资源共享课232门，其中高职课程58门，占25%，较2012年的5门有大幅度增加，有力推动了高职课程建设的高水平发展。

（2）引导实训基地建设高位发展

高水平实训基地的建设为培养、培训高端技能型人才提供了强有力的保障。2013年，四川组织开展了2013年中央财政支持的职业教育实训基地建设高职组项目申报、遴选工作，推荐绵阳职业技术学院的物流管理实训基地等11个项目上报教育部，获批10个，立项率为90.9%；同时，完成了教育部财务司、财政部教科文司对四川省中央财政支持的职业教育实训基地项目建设情况的专项检查工作。

（3）促进专业建设与产业有效对接

四川39所院校的79个中央财政支持高等职业学校提升专业服务产业发展能力专业建设项目，重点围绕实施“西部大开发战略”“四川省工业强省战略”“成渝经济区建设”和“天府新区建设”所确定的区域支柱产业、重点产业、特色产业、现代农业，[①] 面向四川相关产业（行业）培养一大批优秀高端技术技能人才，为四川产业发展和区域经济建设提供强有力的人力资源。同时，四川是人口大省，有着巨大的人口压力，大力加强文化教育类专业建设，立足为四川乡镇和农村培养教育类知识技能型人才，符合四川“科教兴川”和实现“将人口压力转变为人力资源”的战略发展举措。

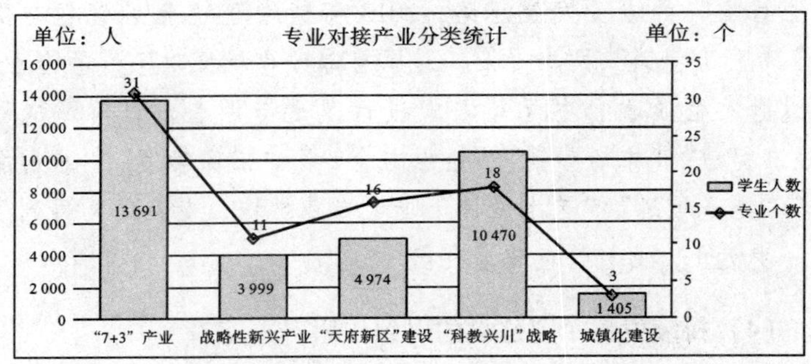


图 4　专业对接产业分类统计

案例 10　主动对接产业，调整专业结构

四川机电职业技术学院主动适应钒钛钢铁产业变化，调整

---

① 为建设“西部综合交通枢纽”“西部经济发展高地”，四川省人民政府于 2009 年发布《四川省工业“7+3”产业发展规划（2008—2020）》，其中把电子信息、装备制造、能源电力、油气化工、钒钛钢铁、饮料食品、现代中药等优势产业和航空航天、汽车制造、生物工程以及新材料等潜力产业（简称“7+3”产业）作为实施工业强省核心主导战略的重要产业进行重点发展。2011 年 11 月，四川省人民政府发布《四川省成都天府新区总体规划（2010—2030）》。该规划围绕再造一个“产业成都”的核心目标，决定大力发展“战略新兴产业、现代制造业、高端服务业和现代都市农业”，形成现代产业、现代生活、现代都市三位一体协调发展的示范区。与此同时，四川省人民政府发布《四川省“十二五”战略性新兴产业发展规划》。该规划将“新一代信息技术、新能源、高端装备制造、新材料、生物技术、节能环保”等作为四川战略性新兴产业进行加快培育和重点发展。

专业结构，在服务方向上更为清晰明确。2013 年该院对传统专业进行了有针对性的调整，同时，向省教育厅申请备案了两个新专业。该院 80%以上的在校生所学专业与攀西地区重点发展产业相关。

四川商务职业技术学院在调研的基础上，结合商务行业与区域经济发展现状，按照学院“适当扩大专业规模，逐步改善专业结构”的专业发展思路，2013 年新增了“金融管理与实务”“医药营销”两个专业，对原有部分市场反映不好的专业，通过引入企业联合办学等方式进行改造与调整，目前形成了“经济贸易”“市场营销”“金融与会计”“工商管理”“旅游服务”“电子信息”“艺术设计”七大专业板块，专业结构得到了进一步优化，商科特色逐渐突出。

（4）持续发挥示范建设的引领作用

2013 年，四川继续实施“省级示范性高等职业院校建设计划”，完成了本年度省级示范高职院校申报、评审工作，乐山职业技术学院、南充职业技术学院、四川信息职业技术学院、四川司法警官职业学院、广安职业技术学院 5 所高等职业院校被确定为四川第三批“省级示范性高等职业院校建设计划”立项建设单位；确立四川工商职业技术学院、达州职业技术学院、内江职业技术学院、四川文化产业职业学院、眉山职业技术学院 5 所高等职业院校为 2013 年度“省级示范性高等职业院校建设计划”重点培育院校。省级财政支持建设资金 3 600 万元。

2013 年，四川省教育厅开展对 2012 年批准的 5 所省级示范性高职院校的中期绩效评价工作，采取现场考察、指标考核等方式，对项目学校的目标完成量、项目管理、财务管理、资金分配等进行全面考察，促进省级示范性高职院校建设质量的提升。

2013 年，全省近 19 万学生在示范性高职院校接受具有时代特点的职业技术教育，学生直接受益面达 37.3%。

(5) 不断拓展教改项目的惠及范围

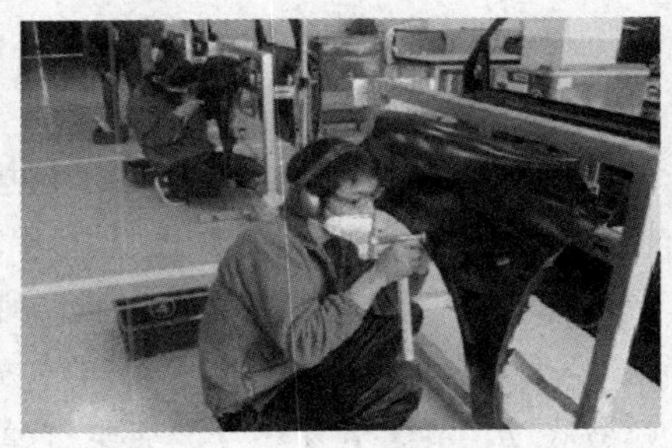

四川省教育厅对高职人才培养工作领域的各项建设、改革进行大力支持。2013 年，四川省教育厅下发了《关于 2013—2016 年高等教育人才培养质量和教学改革项目立项申报工作的通知》，指导学校做好未来三年的高等教育教学改革项目申报工作。在全省高等院校 816 个申报名额中，高等职业院校获得 207 个名额，占 25.37%。省级教改项目的立项与建设，将有效推动高职院校的教育教学改革，提高高职院校教师的教学研究水平，提升高等职业院校的整体质量水平。

(二) 院校锐意创新

1. 教学改革——凸显高职特色

教学工作是高职院校所有工作的核心，是提高人才培养质量的关键所在。在“四川省高等教育人才培养质量和教学改革项目”的引导下，全省高职院校积极致力于高水平的教学改革与推广应用。在第七届高等教育四川省教学成果奖的评选中，全省高职院校共有 23 所院校的 44 个教改项目获奖；其中，四川交通职业技术学院的“高职汽车运用技术专业‘三化两型’校企双主体教学模式研究与实践”、四川工程职业技术学院的“高端技能型人才培养实践教学体系的构建与实践——以焊接专业为例”等 9 个项目获得一等奖。这是具有高职特色的教学改革凝结成优秀教学成果的集中体现。

**案例 11　教改项目成效显著，教学改革深入推进**

四川交通职业技术学院汽车运用技术专业深入实施省级教改项目，基于人本主义学习理论，以校企共建汽车品牌培训中心为切入点，构建了“三化两型”校企双主体教学模式，即“教学组织柔性化、教学方式行动化、教学评价多元化”“师徒型师生关系、开放型教学环境”。该模式充分调动了企业参与学校教学过程的积极性，形成了知名汽车厂商争相进入学院的“群聚效应”，大大拓展了校企合作的深度和广度，有效实现了“四个合作”；形成了校企共商培养方案、共定课程体系、共培师资队伍、共建学习环境、共组订单班级、共施教学过程、共评学生质量、共担教学成本、共享发展成果的良性循环机制，较好地适应了《教育部关于全面提高高等教育质量的若干意见》的要求，大幅度提高了教学质量。该专业得到行业与企业、学生和家长的高度评价，被誉为“国内领先，国际一流”。几年来，企业累计投入教学设备及耗材 3 759.96 万元，近四年增长 176.1%，提供各种培训技术资料及教材 5 742 种，近四年增长 473.6%，免费培训认证师资 232 人次，近四年增长 231.4%，学生 100%实现订单培养。

**案例 12　师徒模式进入教学，培养质量显著提高**

绵阳职业技术学院机电工程系与中国工程物理研究院电子工程研究所深度校企合作已进入第六个年头，双方共同制定专业人才培养方案、课程标准、实训管理办法和学生实训考核办法。针对数控生产实习，双方专门制订详细的教学实施计划，学生实习采用“师徒制”教学模式，即指导教师与企业员工共同管理，学生在生产实习中，每人跟一个师傅，每人一台机床，学生直接参与企业生产；校企共同对学生的工作态度、工作业绩、业务提高等进行全程监管、全面考核；每届生产实习，企业均停产两次对学生进行针对性考核和技能比赛。通过生产实习，学生操作技能均达到中级工及以上水平。生产实习期间每届学生共完成零件加工 1 800 余种、25 000 余件，为企业提高产量约 60%，在教学质量显著提高的同时，企业也获得了明显的经济效益。

2. 校企合作——走向纵深发展

2013 年，四川高职院校着力推动校企合作向纵深发展，致力于校企合作长效机制的建立，不断提升和拓展行业企业参与高职院校人才培养的深度和广度。行业企业在高职人才培养过程中的主体意识和责任意识逐渐增强，校企双主体育人的格局逐步显现，共建 45 个“厂中校”、53 个“校中厂”等项目，合作企业投入资金 2 170 万元，投入设备 4 860 万元，初步形成校企“人才共育、过程共管、成果共享、责任共担”的紧密型合作办学、合作育人机制。

案例 13　校企双方互相依赖，双方发展不可或缺

成都职业技术学院金融与证券专业逐步拓展与成都银行的深度合作，校企合作由点到线，由断到连，由线到面，呈现深度合作、浑然一体的态势，在“合作办学、合作育人、合作就业、合作发展”的体制机制探索方面取得突破。1 500 平方米的成都银行人力资源培训基地落户成都职业技术学院，学生实训与员工培训“两训”合一，实现了基地的共建共享；由成都银行人力资源部、会计结算部和成都职业技术学院金融团队共同开发的银行综合柜岗位应知应会题库的建成，标志着该院在校企合作开发教学资源方面又向前迈出了坚实的一步。2012 年，学院在近年来简单订单的基础上，与成都银行签订了“成都银行柜员精英班”合作协议，从大一挑选了 30 名学生组成“精英班”，校企按高标准共同制订精英班培养方案。2013 年，在总结

多年合作成果的基础上，该院与成都银行人力资源部、会计结算部共同开发的四个岗位标准新鲜出炉——《成都银行员工基础技能标准》《成都银行综合柜岗位标准》《成都银行大堂经理岗位标准》《成都银行服务礼仪标准》。校企合作共同制定这些标准，标志着该院金融与证券专业服务产业发展的能力在不断提高。这套标准在华夏银行、恒丰银行、成都农商银行、浙江民泰银行、招商银行、民生银行等金融企业得到推广使用。截至2013年，成都银行在职员工11 000余人次在该院接受业务素质提升培训和转岗培训，400余名新入行大学生员工在该院接受金融基础技能和职业礼仪培训。

3. 学生成才——见证培养硕果

高职学生是高职教育改革与发展的直接见证者和受益者，学生的成长成才是对高职人才培养质量的检验，也是提高高职教育地位与作用的有力保障。在坚持“以学生为本”的理念指导下，四川高职院校始终将学生的成长成才作为办学宗旨，为学生的发展创造条件、扫清障碍。

案例14　院校桃李满天下，企业发展顶梁柱

成都航空职业技术学院飞机制造技术、数控技术专业毕业生有101人成为成都飞机工业（集团）有限责任公司数控加工厂员工，占员工总数650名的15.6%。其中有25人在车间主任、工艺员、工段长等技术及管理岗位；生产一线的飞机制造尖端设备操作员共274人，其中有76人是成都航空职业技术学院毕业生，占27.7%。成都航空职业技术学院毕业生已成为该公司生产、技术、管理岗位的中坚力量。中国战机一飞冲天的背后，也激荡着该院航空报国、追求卓越，以高技能人才贡献国家国防事业的凌云壮志。

4. 国际合作——开启新的篇章

四川高等职业院校逐渐突破内陆省份的局限，放眼世界，采用“引进来”和“走出去”并重的方式，通过合作办学、师生互派、学分互认、文化交流等方式，在中外合作办学项目和招收海外留学生比例方面有了新的突破。目前，全省高职院校的中外合作办学项目蓬勃展开，全省已有 8 所高职院校与澳大利亚北墨尔本技术与继续教育学院、加拿大不列颠哥伦比亚理工学院、英国塞佛大学等开展了 15 个中外合作项目，招收外国留学生人数不断增加。

案例 15　走出引进并重，国际合作创新

乐山职业技术学院以职业技能培养为切入点，面向非洲和东南亚等经济欠发达国家招收留学生，开展职业技能培训和学历教育，探索高职院校留学生教育的路径。目前，该院已招收留学生 50 余名，分别学习电子信息技术、护理、烹饪、导游、电子商务、物联网应用技术等专业。该院建立了全套的留学生教育与管理体系，包括留学生管理机构、制度建设、专业教学、课余校园文化活动、涉外教学师资队伍建设、留学生招生申报审批、入境手续办理、生活管理等科学的管理体系，促进了该院对留学生的管理，也在省内同类院校中起到了较强的引领和示范作用。该院同时成立海天人才服务有限责任公司，公司下设语言培训中心。2011 年 10 月四川省商务厅正式授予其“对外劳务合作经营资格”，专门负责为社会高技能人才和学院学生搭建境外就业渠道，拓展了学院对外交流与合作的新领域。近年来该院先后输送近 300 名学生分赴美国、澳大利亚、英国、沙特阿拉伯、芬兰、日本、新加坡、泰国等国家就业和留学，数百名学生在英国瑞能集团、祈福医院、名仁酒店等国内独资、合资等涉外企业、医院、酒店就业。

绵阳职业技术学院采取“走出去、请进来”的方式，先后与韩国东国大学，以及我国台湾地区的台湾大仁科技大学、台湾永进专门大学等境外大学建立合作关系，在联合培养“双专”学生、跨校“专升本”、教师互访互派、科研项目等方面开展合作。该院还与中国留学人才发展基金会留学事业部合作，在选拔学生赴国（境）外优质高校“专升本”“专升硕”、语言培训、推广品牌形象等方面予以协助，助推学院国际交流与合作事宜。目前，该院已遴选首批 10 名学生赴韩国东国大学深造。通过与国（境）外高校开展合作，进一步提升了该院的办学层次，拓宽了人才培养维度，提高了该院的国际影响力。

5. 服务社会——高职别有洞天

服务毕业生就业，帮助中小企业走出困境，服务地方支柱产业发展是高等职业教育在新形势下的战略定位。高等职业教育以其特有的职业属性和培养高端技术技能型人才的目标，以其特有高端技术技能型人才培养优势、地域分布广泛的优势以及技术实力优势，在服务社会的过程中深入基层、深入一线，为推动经济社会发展发挥着不可替代的作用。

### 案例16　基层和一线，高职人的身影

四川水利职业学院充分发挥技术、人才资源和行业优势，面向水利行业和地方经济社会发展，开展多层次、多类别、多专业、多工种的短期与长期相结合的岗位培训、职业技能培训与鉴定、企业职工培训。该院实施“大唐班”“丹巴班”等藏牧区“维稳”行动项目，实施“基层水利人才培养培训计划”，积极参与“千万农民工培训工程”，服务“民族地区人才振兴行动”计划，开展36个技术工种的技师和高级技师的培训与鉴定工作。2013年，该院为行业企业集团成员单位举办了100余期水利、电力、法律等培训班，培训上万人次；协助集团成员主持或参与省级水利水电工程的咨询和审查500余项；提供水利、水电、地质灾害治理等技术服务170余项；每年为西南地区水利水电工程制造压力钢管、启闭机、闸门6 000余吨。

内江职业技术学院以作为四川现代畜牧业“3+1”试点市的内江市为依托，以“中央财政支持提升专业服务产业发展能力项目”为契机，认真贯彻中共中央、国务院关于“推进一村一品，强村富民工程”的精神，对接“三农”开设专业，围绕“三农”培养人才，面向“三农”开展服务，引领新农村建设，呈现出“一村一品”的特色。2013年，该院举办“快乐养殖大讲堂”41场次，对2 515人开展技术讲座，有效地促进了农民增收；该院将科技下乡活动作为提高教师专业技能、服务内江现代畜牧业的重要举措，畜牧兽医专业教学团队编写的《现代实用健康养殖关键技术手册》，发送到10个村3 000多户农民手中，有效指导农民科学养殖，带动农民致富；该院正在筹建内江畜牧品种研究所，与企业共同研究内江猪、内江鸭的繁育与改良，打造育人、服务和研发的技术高地，为推动内江畜牧业发展提供强有力的技术支撑。

四川交通职业技术学院与民族地区、集中连片特困地区市(州)人民政府签订战略合作协议，落实项目，发挥优势，加大交通人才本土化培养和科技服务的力度。